协同与整合

中国竞技篮球后备人才培养机制创新

唐建倦 / 著

华南理工大学出版社
SOUTH CHINA UNIVERSITY OF TECHNOLOGY PRESS

·广州·

图书在版编目（CIP）数据

协同与整合：中国竞技篮球后备人才培养机制创新/唐建倦著. —广州：华南理工大学出版社，2016.7

ISBN 978-7-5623-5020-0

Ⅰ. ①协… Ⅱ. ①唐… Ⅲ. ①篮球运动-后备力量-人才培养-研究-中国 Ⅳ. ①G841.2

中国版本图书馆 CIP 数据核字（2016）第 160713 号

协同与整合——中国竞技篮球后备人才培养机制创新
唐建倦　著

出 版 人：卢家明
出版发行：华南理工大学出版社
　　　　　（广州五山华南理工大学17号楼，邮编510640）
　　　　　http://www.scutpress.com.cn　E-mail:scutc13@scut.edu.cn
　　　　　营销部电话：020-87113487　87111048（传真）
责任编辑：朱彩翩
印　刷　者：佛山市浩文彩色印刷有限公司
开　　本：787mm×1092mm　1/16　印张：9.5　字数：214千
版　　次：2016年7月第1版　2016年7月第1次印刷
定　　价：36.00元

版权所有　盗版必究　印装差错　负责调换

序

篮球运动集健身性、趣味性、观赏性、集体性和对抗性于一体,是世界上开展最为广泛的运动项目之一。篮球运动简单易行,趣味性很强,人们通过参与篮球运动,既可以强身健体,也可以使个性、自信心、审美情趣、意志力、进取心、自我约束等能力有很好的发展,还有利于培养团结合作、公平竞争的道德品质。篮球比赛中,攻守交错、对抗变换,比赛双方斗智斗勇,要求运动员具有很高的技战术能力,具备勇敢顽强的斗志,以及在比赛中表现出的智慧、胆略、意志、活力与创造力。

篮球运动传入中国已有一百二十多年的历史,在中国得到了广泛的发展。近二十年来,随着我国篮球运动朝职业化方向发展,我国竞技篮球运动水平得到了普遍的提升,职业篮球市场不断拓展,从事篮球运动训练的青少年不断增加,高校篮球运动发展形势也很喜人。而透过现象理性地审视中国篮球正在进行的实践,我们又会发现在竞技篮球运动发展过程中也还存在许多问题。如:代表中国竞技篮球最高水平的男女国家队的成绩跌宕起伏,在世界赛场成绩不突出,在亚洲赛场也难言有足够的统治力;职业篮球联赛发展迅速,但规范化、职业化以及市场化程度还不高;三级训练体制受到冲击,理想的"金字塔"形后备人才培养模式仍然没有形成;高校篮球运动的发展,CUBA和CUBS的火热并没有为我国竞技篮球运动的攀高输送大量人文素质和运动技能兼备的高水平篮球后备人才,等等,诸如此类的问题都在灼烧着人们的思维。

青少年篮球后备人才作为竞技篮球发展的基石,对中国竞技篮球运动发展的极其重要的战略意义是毋庸置疑的。在《中华人民共和国体育法》以及每一个五年期的体育事业发展规划纲要中都会明确提及:各级政府要鼓励、支持开展青少年业余体育训练,积极培养优秀体育后备人才。党在十八大提出的以人为本的人才强国理念,其终极关怀是人的全面而自由的发展,竞技体育人才在培养过程中也应关注其综合能力和素质的提升。考察现行竞技篮球后备人才各种培养模式的运行特质,未敢确定其处于良性发展过程中。因为矛盾随处可见,具体表现在运动员的训练、竞赛、输送、就业、学习等培养环节的各个方面。因此,对竞技篮球后备人才培养机制的运行实践和理论进行研究就显得极其必要和必然。

综观近年关于竞技篮球后备人才培养的研究成果,多是从如何提高竞技能力的视角来探讨,没有把竞技篮球后备人才培养真正放到社会、经济、教育和文化的大背景中去考察,从社会学视角来深入探讨竞技篮球的本质特征及内在机理的研究成果相对缺乏。学者们对竞技篮球后备人才培养的发展战略、培养体系等宏观层面上的理论研究较多,在中观、微观层面上,对于后备人才培养"实际怎样"、"可能怎样"的"实然"层面的研究偏少,能切实解决实际问题的研究成果更是不多见。在研究方法上创新不够,思维范式不够广泛,多使用逻辑推演、抽象思辨的方法论,较少采用以实践、科学为基础的实证方法。

本书的作者长期致力于篮球教学训练的实践和理论研究,体现了对社会、对竞技篮球、对竞技篮球后备人才培养高度的责任感。置身于一个更加开放、更具变革性的时代,需要我们以更加开放的心态来直面,以崭新的视野来应对,完整、深刻、彻底、创造性地探索我国竞技篮球后备人才良性发展运行机制,从总体上和关键处为竞技篮球后备人才培养实践提供理论支持。此时,有此一作,无疑在国内篮球理论界具有重要意义。本书以人的全面发展理论作为立论基础,综合运用社会学、协同学、管理学以及体育学相关理论,从历史发展的视角对计划经济时期和转型期竞技篮球后备人才培养运行机制现象与特质进行深入解析,内容翔实,逻辑清晰。其中,对后备人才培养目标的修正、新型培养模式的确立以及青少年赛事的优化都具有重要的理论与实践价值。

唐建倦教授是华南理工大学硕士生导师,本人与他有较多的接触和了解,他为人守信坦诚、心胸豁达、乐于助人;为学勤勉刻苦、敏思笃行、认真严谨。希望此书的问世能给篮球界的同仁们提供启示和思考;也希望他在以后的工作和学术道路上锲而不舍,潜心求索,为体育事业做出更大贡献。

武国政
北京体育大学
2015 年 12 月 10 日

前 言

如何在科学而深入地总结我国培养竞技篮球后备人才历史经验的基础上，扎根于国情实际，坚持科学发展观，从理论上前瞻新型竞技篮球后备人才培养的理想模式，在实践上提供创新的思路与方法，是提高我国竞技篮球整体水平、科学培养全面发展的后备人才的急迫和重大课题之一。

为此，本书借鉴并引入了在自然科学和社会科学研究中作为重要范畴并被广泛使用的"机制"概念，确立了关于"中国竞技篮球后备人才培养运行机制"的研究主题，认为以"运行机制"作为审视竞技篮球后备人才培养历史、现实与未来的出发点，并以此建构竞技篮球后备人才培养理想模式，可能是深化研究如何培养竞技篮球后备人才的一个重要路径。

基于此，本书以我国竞技篮球后备人才培养运行机制为研究对象，综合采用文献资料、专家访谈、问卷调查、实地调查和数理统计等研究方法，旨在通过运行机制这一中观层面理论与实践的研究，深入解读我国竞技篮球后备人才培养的过去与现在，并为科学建构新型人才培养模式提供理论借鉴。探讨的思路循着"中国竞技篮球后备人才培养体制的建立及现状—后备人才培养运行机制的特质—后备人才培养运行机制目标模式的重构—后备人才培养运行机制的改革与完善"展开。

本书的主要内容有：从理论角度分析了人才在培养活动中的自主性逐渐增强与培养重心由国家向集体、个体下移的发展趋势；对中国竞技篮球后备人才培养体制的生成与发展现状进行了总结；探讨了计划经济时期和转型期以来竞技篮球后备人才培养运行机制的特质；考察了美国培养篮球人才的目标及其运行机制，认为其培养模式具有一定的借鉴意义；对新型人才培养运行机制重构的思路、现实条件和路径选择进行了探讨，并构建了运行机制的目标模式：适度的动力机制、利益协调的整合机制、全面灵活的激励机制、多维统一的控制机制和制度健全的保障机制；就运行机制的完善与创新在目标制定、"体教结合"模式和赛制优化几个重要方面进行了探讨并提出了措施。

希望本人对竞技篮球后备人才培养的论述能给读者以鼓舞和启迪，能给管理者以参考和借鉴，从而对我国竞技篮球运动攀高发展有所裨益。

本书是在本人博士论文的基础上整理、完善而成的，对于老师的教诲以及在我求学路上家人的关怀，在此致以深深的谢意。

感谢在书稿创作过程中体育界许多专家的无私帮助和指导，感谢华南理工大学出版社的支持。

本书的出版发行得到了中央高校基本业务费后期项目资助（批准号：2013HQ06）和华南理工大学出版基金资助。

唐建倦
2016 年 3 月

目 录

第一章　绪论 …………………………………………………………………… 1
　第一节　研究背景 …………………………………………………………… 1
　第二节　研究意义 …………………………………………………………… 3
　　一、研究的学理意义 ………………………………………………………… 3
　　二、研究的实践意义 ………………………………………………………… 4
　第三节　研究对象的确定与方法选择 ……………………………………… 5
　　一、研究对象的确定与认识 ………………………………………………… 5
　　二、研究方法的选择 ………………………………………………………… 6

第二章　竞技篮球后备人才相关研究综述 …………………………………… 8
　第一节　竞技体育管理体制与机制研究 …………………………………… 8
　　一、关于体育体制改革研究 ………………………………………………… 8
　　二、关于竞技体育体制改革的研究 ………………………………………… 10
　第二节　关于竞技篮球管理与职业化改革的研究 ………………………… 13
　第三节　关于高校竞技篮球的研究 ………………………………………… 15
　第四节　关于青少年竞技篮球后备人才的研究 …………………………… 17
　第五节　国内外相关比较研究 ……………………………………………… 19
　小结 …………………………………………………………………………… 20

第三章　竞技篮球后备人才培养运行机制与协同发展理论 ………………… 22
　第一节　竞技篮球后备人才培养运行机制的概念界定 …………………… 22
　　一、"机制"的内涵界定 …………………………………………………… 22
　　二、"竞技篮球后备人才"的内涵界定 …………………………………… 25
　　三、竞技篮球后备人才培养运行机制的概念界定 ………………………… 26
　第二节　社会协同学理论与应用 …………………………………………… 26
　第三节　人的全面发展理论与应用 ………………………………………… 28

第四章　竞技篮球后备人才培养的内涵与发展趋势 ……………………… 31
第一节　竞技篮球后备人才培养的内涵 ……………………………… 31
第二节　中国竞技篮球后备人才培养的发展趋势 …………………… 32
一、人才在培养活动中的自主性增强 …………………………… 32
二、培养主体的重心下移 ………………………………………… 33

第五章　中国竞技篮球后备人才培养体制的演进与现状 ……………… 36
第一节　中国竞技篮球后备人才培养体制的演进 …………………… 36
一、中国竞技篮球后备人才培养体制的形成 …………………… 36
二、中国竞技篮球后备人才培养体制的改革 …………………… 37
第二节　中国竞技篮球后备人才培养现状概述 ……………………… 38
一、青少年竞技篮球历史成绩回顾 ……………………………… 38
二、中国竞技篮球后备人才培养的现状 ………………………… 41
三、竞技篮球后备人才培养存在的问题 ………………………… 49
第三节　中国青少年篮球训练教练员的培养现状 …………………… 51

第六章　中国竞技篮球后备人才培养运行机制特质 …………………… 60
第一节　竞技篮球后备人才培养运行机制的分类体系 ……………… 60
第二节　中国竞技篮球后备人才培养目标 …………………………… 62
一、计划经济时期竞技篮球后备人才培养目标认识 …………… 62
二、转型期竞技篮球后备人才培养目标认识 …………………… 63
第三节　竞技篮球后备人才培养的动力机制 ………………………… 68
一、计划经济时期竞技篮球后备人才培养的动力机制 ………… 68
二、转型期竞技篮球后备人才培养的动力机制 ………………… 69
第四节　竞技篮球后备人才培养的整合机制 ………………………… 72
一、计划经济时期竞技篮球后备人才培养的整合机制 ………… 72
二、转型期竞技篮球后备人才培养的整合机制 ………………… 74
第五节　竞技篮球后备人才培养的激励机制 ………………………… 76
一、计划经济时期竞技篮球后备人才培养的激励机制 ………… 76
二、转型期竞技篮球后备人才培养的激励机制 ………………… 77
第六节　竞技篮球后备人才培养的控制机制 ………………………… 79
一、计划经济时期竞技篮球后备人才培养的控制机制 ………… 79

二、转型期竞技篮球后备人才培养的控制机制 …………………………… 81
　第七节　竞技篮球后备人才培养的保障机制 ……………………………………… 82
　　一、计划经济时期竞技篮球后备人才培养的保障机制 …………………… 82
　　二、转型期竞技篮球后备人才培养的保障机制 …………………………… 84

第七章　国外篮球后备人才培养运行机制的经验与启示 …………………………… 87
　第一节　美国篮球后备人才培养运行机制及特质 ……………………………… 87
　　一、美国篮球后备人才培养目标 …………………………………………… 87
　　二、美国篮球后备人才培养的组织机制 …………………………………… 89
　　三、美国篮球后备人才培养的市场开发机制 ……………………………… 91
　　四、美国篮球后备人才培养的激励机制 …………………………………… 92
　　五、美国篮球后备人才培养的控制机制 …………………………………… 92
　　六、美国篮球后备人才培养的保障机制 …………………………………… 93
　第二节　澳大利亚篮球后备人才培养运行机制的特质 ………………………… 93
　　一、澳大利亚篮球后备人才培养目标 ……………………………………… 96
　　二、澳大利亚篮球后备人才培养运行机制特质 …………………………… 96
　第三节　国外篮球后备人才培养运行机制的启示 ……………………………… 97

第八章　中国竞技篮球后备人才培养良性运行机制的构建 ………………………… 99
　第一节　竞技篮球后备人才培养运行机制重构的总思路 ……………………… 99
　第二节　竞技篮球后备人才培养的时代规定性 ………………………………… 101
　　一、竞技篮球后备人才培养历史阶段考察 ………………………………… 101
　　二、竞技篮球后备人才培养社会环境考察 ………………………………… 102
　第三节　建立新型竞技篮球后备人才培养运行机制可能的路径依赖 ………… 109
　　一、路径依赖理论概述 ……………………………………………………… 109
　　二、中国竞技篮球后备人才培养体制改革可能的路径选择 ……………… 111
　第四节　竞技篮球后备人才培养运行机制的目标模式 ………………………… 112
　　一、适度的动力机制 ………………………………………………………… 113
　　二、利益协调的整合机制 …………………………………………………… 115
　　三、全面灵活的激励机制 …………………………………………………… 117
　　四、多维统一的控制机制 …………………………………………………… 120
　　五、制度健全的保障机制 …………………………………………………… 121

第九章 竞技篮球后备人才培养运行机制的完善与创新 …… 124

第一节 竞技篮球后备人才培养目标机制的完善 …… 124
一、变革竞技篮球后备人才培养目标制定的逻辑 …… 124
二、基于"目标关联维度"的竞技篮球后备人才培养目标确定 …… 125
三、强化竞技篮球后备人才培养目标的"执行力" …… 128

第二节 以"体教结合"为主模的竞技篮球后备人才培养模式的确立 …… 129
一、确定目标培养模式的理论基础 …… 130
二、形成"体教结合"为主模的外部选择 …… 130
三、形成"体教结合"为主模的内部演化 …… 133

第三节 青少年篮球竞赛组织体系的优化与重塑 …… 135
一、青少年篮球竞赛组织体系重塑的方向 …… 136
二、优化青少年篮球竞赛组织体系的措施 …… 136

结论与说明 …… 140
结论 …… 140
说明 …… 141

参考文献 …… 142

第一章 绪论

第一节 研究背景

篮球运动传入我国已有一百二十多年的历史，在中国得到了广泛的发展。尤其随着社会主义市场经济体制的不断完善和竞技体育体制改革的不断深化，篮球职业化进程加快，篮球竞技水平得到了普遍的提升，篮球市场不断拓展，篮球文化也在丰富的积淀中持续发展。进入 21 世纪，世界篮球运动发展、变化加快，职业化程度和竞技水平越来越高。中国篮球因王治郅、姚明、巴特尔和易建联四大中锋先后进入 NBA 更加引起了世界篮坛的高度关注。随着中国篮球职业联赛的蓬勃发展，也激起了国人对篮球的无限热情。篮球作为"奥运争光计划"的集体项目之一，为寻求突破，一直以来都得到了政府在制度、物质上的保障，以及社会更广泛的支持。这一切都使中国篮球在新世纪进入了发展的快车道。

但反思历史，正视现实，强烈的责任感和忧患意识使业界人士、专家、领导和其他关心中国篮球运动发展的人们又不停地进行思辨，理性审视中国篮球正在进行的实践和指导中国篮球发展的理论，人们发现了很多问题。如：代表中国竞技篮球最高水平的男女国家队的成绩为何总是起伏不定呢？2013 年男篮亚锦赛仅列第四，未能进入 2014 年男篮世界锦标赛；女篮也仅获第三名，国家男女篮步入低谷。篮球普及率提高了，篮球人口增多了，而坚持参加各级青少年业余训练的人数却没有大的增加，甚至在一定阶段还有萎缩，尤其是优秀竞技篮球后备人才存量不足。为何高校篮球运动的发展，CUBA 以及 CUBS 的火热开展并没有为我国竞技篮球运动的攀高输送大量人文素质和运动技能兼备的高水平篮球后备人才呢？诸如此类的问题都在灼烫着人们的思维。

世界体育强国的成功经验告诉我们，一个国家或地区竞技体育的发展水平，在很大程度上取决于竞技体育后备人才的数量和质量。我国政府一直注重后备人才的培养，《中华人民共和国体育法》第四章第二十五条规定：国家鼓励、支持开展业余体育训练，培养优秀体育后备人才。国家体育总局在《2001—2010 年体育改革与发展纲要》中就明确提出要"加强竞技体育后备人才培养，加快训练体制改革，建立适应社会主义市场经济体制的后备人才培养体系"。国家体育总局在《体育事业"十一五"规划》中也提出要加强竞技体育后备人才的培养，实施"全国体育后备人才培养工程"，加强国家高水平体育后备人才基地的建设。重视体育后备人才培养工作，努力改善体育后备人才培养的训练设施和师资等方面条件。鼓励社会力量培养体育后备人才，进一步探索体教结合的模式，拓宽体育后备人才的培养渠道。在《体育事业发展"十二五"规划》中又进一步提出了"实施竞技体育后备人才培养工程，夯实竞技体育可持续发展基础。制定奥运项目竞技体育后备人才培养的中长期发展规划，进行重点项目后备人才培养布局，完善业余训练评估奖励政策。开展新奥运周期国家高水平体育后备人才基地认定工作，修订奥运项目青少年教学训练大纲。落实运动员文化教育相关政策，加强对青少年体育竞赛和注册工作的管理，加强相关人员的培训。建成符合体育人才成长规律和教育规律，以培养具有较高运动技术水平、全面发展的后备人才为主要任务，以政府主导下的体教结合为资源整合机制，以基础教育阶段为重点，以国家高水平体育后备人才基地和公办体育运动学校为骨干，以少年儿童体校、青少年体育俱乐部、体育传统项目学校、体育特色学校和社会力量兴办的后备人才培养机构为基础，规模、布局、结构合理的后备人才培养体系，加强和巩固业余训练基础"。在《全国体育人才发展规划》（2010—2020年）中也提出要"加强各级各类体校、体育传统项目学校、青少年户外体育活动营地、青少年体育俱乐部教练员、科研人员、管理人员的培训、培养，提高青少年业余训练的科学化水平，夯实竞技体育后备人才基础"。因此，竞技篮球要想有大突破，必须在后备人才的培养上下大功夫，必须把这项工作放到战略的高度来重视。基于青少年篮球后备人才培养对中国竞技篮球运动发展的极其重要的战略意义，所以，对竞技篮球后备人才培养的实践和理论进行研究就显得极其重要和必然。

对于篮球后备人才培养的理论与实践研究，在不同的历史时期都会有相应的成果问世。许多研究见仁见智，由于不同的研究者在知识结构、经验感受、思维范式、情感倾向等方面的差异，必然导致研究者在观察、理解、阐述及其表达方式上的不同，并进而造成对这一课题的不同认知和理解，产生出不同的观点和见解。这些观点和见解各自从不同的侧面反映着对篮球后备人才培养这一问题的思考与探索。但从整体上来看，许多研究仅停留在对一般外围问题的考究以及对现象、过程的描述，未深入问题的实质、切中问题的要害，因而对实践的指导功能受限。

如何拓宽视野，提出或引入新的概念与范畴，注入新的学术观念；选择什么样的"切入点"才能深入竞技篮球后备人才培养的实质，从而提出现实、可行的创新观点与建议，就成为研究者们思考的焦点。在不断的理论砥砺中，在自然科学、社会科学、人文哲学研究中作为重要范畴并被广泛使用的"机制"概念自然而然地进入研究者的思维和视角，以"后备人才培养运行机制"作为分析竞技篮球后备人才培养的历史、现实与未来的出发点与切入点，并以这一概念、范畴、视角为支点建构认识、观察、研究竞技篮球后备人才培养问题的思维范式和思路框架，将现实竞技篮球后备人才培养问题研究的着力点放在其运行机制的探索上，可能是我们解读竞技篮球后备人才培养的理论制高点和深化研究的突破口。另外，建立于一般系统论基础上的社会协同学以统一的观点去处理复杂的社会现象，其核心概念范畴"目标关联维度"、序参量与模变换度，作为一种新的方法论范畴确立在构建竞技篮球后备人才培养理想模式的理论方法之中，也许都是有益的探索。

第二节 研究意义

一、研究的学理意义

关于学术问题的讨论，一是为了理清基本理论问题以"解释世界"，二是为了解决现实问题，即"改造世界"。确定我国竞技篮球后备人才培养运行机制为研究主题，旨在：①深化对竞技篮球后备人才培养问题的理论研究；②在理论研究的基础上，建构竞技篮球后备人才培养运行机制的目标模式，为社会转型时期竞技篮球后备人才培养实践提供思想依据和理论借鉴。

就学理层面而言，探讨运行机制是深化竞技篮球后备人才培养理论研究的重要切入口。

在科学的范畴里，理论是科学最基本的组成部分，也是科学内容的集中体现。因此，要深刻认识某一事物、某一对象，关键在于建立能全方位、多层面反映该事物总貌的科学理论体系。美国著名社会学家帕森斯（T. Parsons）曾就此指出：可以毫不夸张地说，一门学科成熟与否的最重要的标志是它的系统理论水平。任何理论体系都有一定的层次结构，每一个理论内容都处于不同的层次上，它们在不同的层次上针对不同范围的对象而发挥作用。纵观社会科学的总体研究，我们可以发现，任何比较成熟、完善的社会科学学科的理论体系，就其理论内涵、功能类别、作用范围而言，一般可以划分为三个层次：宏观哲学层次、中观科学层次和微观技术层次。这三个层次的理论相互依托，相互关联，共同支撑和建构起比较完善的社会科学理论体系大厦。[①] 像任何社会科学理论体系一样，比较完善、成熟的竞技体育后备人才培养的理论体系也必须而且应该由这三个层次的理论构架而成。

诚然，竞技篮球后备人才培养问题的宏观理论研究和微观技术层面的研究是不可少的。但如果缺乏承接宏观理论与微观理论的中介，那么，宏观理论就会流于空泛，微观技术也会由于缺乏具体指导而出现失误。由于竞技篮球后备人才培养理论研究的现状还未真正反映运行的实际，所以，依据发展竞技篮球后备人才培养理论的内在要求与时代规定性，进行竞技篮球后备人才培养中观层次理论的研究是必需的。而着力于运行机制的研究，正是建构中观理论的有效途径。美国学者埃斯特尔·詹姆斯（Estelle James）认为：机制是介于公理、定理与现象描述之间的理论解释。对竞技篮球后备人才培养运行机制问题的系统研究，一方面，可以丰富竞技篮球后备人才培养的理论内涵，突显竞技篮球后备人才培养理论指导实践的功能；另一方面，在市场经济体制不断完善的情况下，可为当代中国竞技篮球后备人才培养的实践提供比宏观理论更具体、更切合实际的理论导向，从而提高竞技篮球后备人才培养的科学性、合理性，减少实践操作的失误。

---

① 王报换：社会主义社会良性发展运行机制研究［D］．北京：北京大学，2001.5.

二、 研究的实践意义

就实践层面而言，研究运行机制，既是深入解读原计划经济体制下竞技篮球后备人才培养问题的钥匙，又是科学建构转型期新型培养模式的入口。

我国在计划经济体制时期，依据"思想一盘棋、组织一条龙、训练一贯制"的指导思想，建立了一个基础大、顶上尖、层层衔接，由初级→中级→高级的三级运动训练管理体制和训练网。政府集中有限的人力、财力、物力保证重点项目的发展，由体育系统进行集权管理，使竞技体育超前发展，形成了与计划经济体制相适应的竞技体育的"举国体制"。无疑，我国竞技体育的辉煌过去得益于"举国体制"的运行。从工具理性的层面来看，"举国体制"是很有效率的竞技体育运行机制。而从价值理性的层面来看，"举国体制"未必是我们发展竞技体育最合理的制度选择。因为，从历史发展的实际来看，"举国体制"的运行在取得巨大成功的同时也暴露出了很多问题。在竞技体育人才培养方面，出现了诸如广种薄收、高淘汰率、运动员教育获得缺失、退役就业难、人才流动难等问题。并且，在市场经济体制冲击下，那些阻滞竞技体育科学发展的老问题还没有彻底消解，致使在后备人才培养过程中又出现了许多新问题。

于是，人们就产生了这样的问题：计划经济体制时期建立的竞技篮球后备人才培养模式的问题在哪里？应该如何审视和看待原竞技篮球后备人才培养模式的缺失？应该如何反思、总结其经验并在此基础上科学建构新型培养模式？

在笔者看来，从竞技篮球后备人才培养运行机制入手，可能是破解这些难题的关键所在。纵观国内外这种以专业化训练为主、国家用行政手段集权管理体育的体制，其最突出的一个特征就是，整个体育处在以政治为中心的诸领域合一状态。表现在后备人才培养运行机制方面，鲜明的特征就是，国家意志对后备人才培养各领域的超强控制机制以及由此必然产生的后备人才培养各主体的弱动力机制。后备人才培养的其他运行机制，诸如整合机制、激励机制、保障机制、决策机制等都是由此派生和延伸而来的，也是服从并服务于此的。各级后备人才培养的组织都是行政事业组织，结果就是政治权力、行政权力与后备人才培养的所有权限连为一体，国家与后备人才培养组织高度一体化。这种模式的后备人才培养运行机制虽然使国家在体育发展的起步阶段、在社会生产力发展水平不高的情况下、在生产资料公有制基础上对体育后备人才培养进行了有效管理，迅速动用、集中社会资源保证了竞技体育超前发展对后备人才的需要，为我国竞技体育冲出亚洲、走向世界做出了巨大贡献。但它毕竟不是一个成熟、完善和理想模式的体育后备人才培养运行机制。实践表明，这种模式的运行机制既容易产生政治上的集权主义和专制主义，以及思想上的保守主义和教条主义，也容易导致后备人才培养总体效率的次优化而成为后备人才培养良性发展的障碍和"瓶颈"。体育系统培养后备人才出现的高淘汰率、就业分流难等问题，追根溯源，都可以从传统后备人才培养运行机制本身的缺陷中寻找深层次的原因。

综合上述思考，关于竞技篮球后备人才发展的意识和形成的问题，源自对社会、对竞技篮球、对竞技篮球后备人才培养高度的责任感。置身于一个更加开放、更具变革性格的时代，需要我们以更加开放的心态来直面，以崭新的视野来应对，完整、深刻、彻底、创造性地探索我国竞技篮球后备人才培养良性发展运行机制，从总体上和关键处为竞技篮球后备人才培养提供理论支持。

第三节 研究对象的确定与方法选择

一、研究对象的确定与认识

中国竞技篮球后备人才培养运行机制是本书的研究对象。研究对象的主体为在国家体育总局篮球运动管理中心注册的青少年运动员（13—21岁），各省市自治区注册的少年运动员（13—18岁），CUBA和中国大学生篮球超级联赛（简称"大超联赛"，也叫"大超"）注册的青年运动员（非专业队退役队员，22岁以下）。

大学篮球运动员纳入的理论依据是，在《中国篮球运动史》中，编著者认为"大学篮球运动是青年篮球业余训练的一部分"[①]。另外，一些研究也表明"高校高水平篮球队的水平和年龄相当于职业队的二线队伍"[②]。再则，为国家队和职业队输送人才也是高校试办高水平篮球队的目标之一，高校理应成为后备人才库。

在我国学术界，一般地，人们把体育划分为竞技体育、群众体育和学校体育三个范畴，或者划分为竞技体育与大众体育两个范畴。依划分体育概念的逻辑，人们又习惯地把篮球运动划分为竞技篮球、大众篮球。根据白喜林的研究，划分的考虑依据：一是目的不同；二是手段不同；三是参与对象不同。他对竞技篮球的操作性定义是："竞技篮球是最大限度地提高和发挥篮球运动员在技术、战术、体能、意识、心理等方面的潜力，取得优异比赛成绩而进行的科学、系统的训练和竞赛过程。"[③] 并且认为竞技篮球是一个包括运动员选材、人才梯队培养、训练、管理、竞赛、科研等多个子系统相互协调配合的复杂系统。

关于人才的定义也有许多解释，但就其本质的认识较为趋同，那就是都充分强调人才的创造性、进步性和社会历史性的辩证统一。《辞海》对"人才"的解释是："（1）有才智和能力。（2）指人们认识世界、改造世界的才智和能力。"《中国百科大辞典》人才卷对"人才"的解释是："（1）广义的'人才'指经过正规和非正规、系统和非系统、自我或环境的教育与训练，从而掌握了一定的知识、具有一定的能力、专长和品德的人。（2）狭义的'人才'指具有较强的创造能力、对社会做出重大贡献的人。"[④]

---

① 李辅财. 中国篮球运动史 [M]. 武汉：武汉出版社，1991：290.
② 凌平. 中美高校体育管理比较研究 [M]. 杭州：浙江大学出版社，2003：9.
③ 白喜林. 中国竞技篮球发展战略研究 [D]. 北京：北京体育大学，2003.
④ 中国社会科学院语言研究所词典编辑室. 现代汉语词典 [M]. 北京：商务印书馆，2002.

《辞海》对"后备"的解释是:"准备应用的","后备力量"泛指战时可以征集到军队服役的人员。《现代汉语词典》的解释是:"为补充而准备的人员、物资等。"① 在体育界内,"后备力量"和"后备人才"多用来指称优秀运动队下属的青少年运动员。而"后备人才"一词更能涵盖青少年的成才之意,近年来在体育界已成共识并广泛使用。赵桂银定义体育竞技人才为:"是指在体育竞技领域内,专门从事运动训练和参加体育竞技比赛的人才。"② 杨再淮认为,广义上的竞技体育后备人才涵盖面较宽泛,包括除运动员以外的与体育工作有关的其他各类人才③。狭义上的竞技体育后备人才主要是指具有一定潜能的青少年运动员这一特殊群体。两者之间既有联系,又有区别。④

综合上述几个概念的解释,从发展的角度,本研究将"竞技篮球后备人才"定义为:指在身体、心理和运动能力上具有发展的潜力,正在接受科学、系统的篮球训练和参加有组织的篮球竞赛,在篮球项目上具有创造优异运动成绩可能性的青少年人才集合体。这与原国家体委对二线、三线运动员的界定基本吻合。从一般意义上看,体育界人士把二线、三线的青少年运动员作为竞技体育的后备人才。

二、研究方法的选择

有效的研究需要有效的研究途径,科学的结论源于正确的研究方法。这是本书方法论的指导思想。为此,笔者在研究中,一是坚持规范与实证研究相结合的原则方法,对竞技篮球后备人才培养运行机制进行抽象、逻辑的规范研究,解析其基本特质。但并不囿于教条的方法原则,还注重结合国情实际及经济、政治、社会发展的必然趋势来确立后备人才培养运行机制的目标模式。二是坚持定性与定量研究相结合,力求具体地、准确地把握竞技篮球后备人才培养的特点、发展趋势及竞技篮球后备人才培养运行机制与社会发展的必然联系。

(一)定性研究方法

1. 文献资料法

通过图书馆、篮球运动管理中心等途径查阅、搜集相关文献资料、数据记录、著作等;以"运行机制""竞技篮球""后备人才培养"等关键词,在中文期刊全文数据库、国家图书馆博硕文库、中国体育资讯网等网络资源进行检索,查阅、收集了与本研究有关的文献、文件、期刊等资料共计六百余篇、章,仔细研读并加以分析,为课题研究提供理论基础和现实依凭;

2. 访谈法

通过实地调查,拟定谈话提纲,访谈体育领域有关专家、学者、官员,及相关领域专家,共计三十余人,获取研究中有关概念的界定意见、不同视角审视研究对象的意见及相应资料;

---

①②④ 赵桂银. 体育人才学 [M]. 北京:人民体育出版社,1993:2.
③ 杨再淮. 中国竞技体育后备人才培养模式的研究 [D]. 上海:上海体育学院,2002.

3．逻辑推演

对"竞技篮球后备人才培养运行机制"等相关概念进行归纳、演绎。

（二）定量研究方法

1．问卷调查法

（1）专家问卷

根据收集到的信息，结合相关理论研读，就研究问题设计专家问卷，对国家体育总局篮球运动管理中心、部分省市篮球项目管理中心、教育系统内相关体育行政部门，以及各类学校的有关后备人才领域的专家进行访问调查。并请专家对问卷设计的内容与结构效度进行检验，然后进行筛选，经仔细修改后进行调查。通过对有关专家学者进行多轮次的咨询和问卷调查，并对调查结果的综合反馈和整合处理，使专家意见趋于一致，得出准确的、可靠的调查结果。

（2）教练员问卷

考虑到竞技篮球后备人才培养模式的多样性、层次性，选取职业篮球俱乐部青年队教练员10人，省市业余体校篮球教练员10人，发放问卷20份；教育系统内大学篮球教练员20人，篮球项目传统学校和篮球重点中学教练员30人，发放问卷50份；社会办各种形式俱乐部篮球教练员10人，发放问卷10份。共计发放问卷80份，回收71份（见表1）。问卷经小样本重测，同一问题重复回答率达92.5%，具有较好的信度水平。

表1-1 教练员问卷回收情况统计表

	体育系统内教练员	教育系统内教练员	社会办俱乐部教练员	合计
发放问卷	20	50	10	80
回收问卷	18	50	8	71

2．数理统计法

全面收集反映竞技篮球后备人才的数据及相关统计资料，进行统计、处理，依结果进行分析、讨论。

第二章 竞技篮球后备人才相关研究综述

本研究涉及的是竞技篮球后备人才培养的运行机制，所以，对竞技体育运行机制、竞技篮球运行机制、竞技体育后备人才培养、高校竞技篮球的运行机制进行了解是必要的。

第一节 竞技体育管理体制与机制研究

社会转型时期研究我国竞技体育运行机制在实践中的涉及面很广，主要集中于体育体制与竞技体育体制的改革、体育与竞技体育的发展战略、竞技体育产业化与市场化等。参读已有研究成果可为本研究的深入提供辩证反思的材料和依据。

一、关于体育体制改革研究

体制的改革与重构是深化体育改革的关键与核心。关于体育体制改革的研究也一直是体育理论界关注的重点，研究的内容涉及体育管理体制的类型、转型过程中"双轨制"下体育管理体制改革的必然性、艰难性和方向性，以及改革的过程和存在的问题等方面。

易剑东的研究表明，取消全运会闭幕式上的金牌、总分公布与排名仪式，大力强化单项锦标赛的地位，扶持高校探索竞技体育发展模式，完善职业体育俱乐部的管理体制等是国家体育管理部门实现中国体育体制转型的关键环节。在后期研究中，他又提出当前中国体育体制改革的逻辑基点主要体现在：维护和保障大众体育权利，这是当前建设"责任政府"的必然要求在体育领域的反映；顺应和满足社会体育需求，这是新时期"有限政府"理论与实践对于我国体育工作的现实要求；评估和提升体育发展效益，这是当前我国建设"有效政府"的理念对于体育体制改革的基本要求。我国竞技体育的价值取向可以从体育与综合实力、竞争力、软实力、文化力、外交力等的关系范畴来思考；我国群众体育的价值取向可以从体育与基本人权、平等权利、生活质量、国民健康、国家财富等的关系范畴来思考；我国体育产业的价值取向可以从反垄断制度、资源配置的市场机制、法人治理结构以及政企关系、官办关系、培植体育文化力度等角度来思考。[①]

王远富认为在体育改革进程中要着重处理好：体育改革与市场经济体制改革的关系，体育行政管理部门与各类社会体育机构、体育组织的关系，竞技体育与群众

---

① 易剑东. 中国体育体制改革的逻辑基点与价值取向 [J]. 体育学刊, 2011 (1): 12 - 25.

体育的关系，体育事业发展与人才的关系。[①]

王艳等提出：我国竞技体育体制改革的路径选择在于"自上而下"的强制性体制改革与自下而上的"诱导性体制改革"的有机结合。研究进一步指出，我国体育制度变迁的改革方式在于：一方面，促进运动协会的实体化，储蓄后备力量于社会；另一方面，完善竞技体育发展的院校化，蕴竞技力量于高校。[②]

李波通过对德国体育体制及其成功经验的研究和总结，结合我国的具体国情，对我国体育事业的协调发展提出两个方面的建议：对于竞技体育要完善"举国体制"、优化发展模式；对于群众体育要推进制度改革、发展公益事业。[③]

赵进等通过对我国文化体制改革的历程进行分析，指出体育体制改革应借鉴文化体制改革的成功经验。认为：体育体制改革应当形成政府与社会互补型的体育管理体制；实行体育体制改革前期试点，总结经验，逐步推广；理顺体育事业与体育产业的关系；加大投入，构建公共体育服务体系；积极培育多元化体育市场体系；以体育法规制度建设为保障；改革国有资产管理体制，合理分配体育资源；以人为本，实现竞技体育、群众体育、体育产业均衡化发展。

另外，三级训练体制在运行实践中的积极作用及发展过程中出现的问题也是理论关怀的热点。研究指出，我国在计划经济体制时期建立的三级训练体系，即被人们形象地称为"金字塔"形的竞技体育后备人才培养模式，对保障我国竞技体育发展极其重要。在肯定成绩的同时，对于初、中级训练形式出现的经费不足、成材率不高、淘汰率高、招生就业渠道不畅、优秀后备人才紧缺等问题人们也给予了高度重视。虞重干研究指出："我国竞技体育队伍的金字塔塔基过宽，塔身过大，金字塔塔形比例失衡，高投入、低产出是造成后备人才缺乏的主要因素群。"[④] 陈先良等认为："在市场经济条件下，我国青少年原有的业余训练体制内部利益与外部矛盾日益激化，阻碍了青少年体育后备人才的培养，青少年业余训练体制的改革迫在眉睫。"[⑤]

针对"金字塔"形培养模式出现的问题，近年有学者提出了"大厦型"或"小塔基、高塔尖"的后备人才培养模式，旨在改革原训练体制对初级、中级进行的粗放式管理，提高科学化水平，走集约化之路。厉丽玉在研究了20世纪90年代中期我国优势竞技项目队伍一、二、三线人数比例后指出："竞技水平的高低，与

[①] 王远富：正确处理当前体育工作的几个重要关系[J]. 吉林体育学院学报，1996（1）：1-4.

[②] 王艳等. 再论我国体育体制的制度变迁与路径选择[J]. 南京体育学院学报（社会科学版），2008（6）：2-6.

[③] 李波. 中国竞技体育的发展对世界体育发展的影响研究[D]. 重庆：西南大学，2009.

[④] 虞重干，刘志明，丁海勇. 我国竞技体育可持续发展的现状与存在的问题[J]. 上海体育学院学报，2000，24（2）：8-12.

[⑤] 陈先良：我国青少年业余训练体制的分析与改革设想[J]. 上海体育学院学报，2002（4）：52-56.

后备队伍多寡并不成正比例，或者说，竞技人才的造就并不取决于业训队伍的规模。"① 为此，她提出了"摩天大楼"式人才培养模式。然而，有的研究认为这一理论"忽视了项目差异、忽视了运动训练和运动选材的复杂性、忽视了地区差异，还不能成为我国体育后备人才培养的主要模式。"②

本研究认为，"大厦型"培养理论虽有其合理和可行的一面，但还不具有普适性，三级训练体制存在的问题多属操作层面，并不全是结构性问题，"大厦型"培养模式只能是三级训练体制微观结构的一种完善。在时下和未来的一段时期，三级训练体制依然是我国夯实人才基础、提高竞技体育水平的必然选择。

二、关于竞技体育体制改革的研究

研究我国竞技体育运行的涉及面很广，主要集中于竞技体育体制改革、竞技体育产业化与市场化等方面。对竞技体育的国家办和社会办，以及竞技体育的"国家"和"社会"的关系展开了长期而热烈的讨论，观点是见仁见智。其中，"举国体制"是近年讨论的热点问题。

卢元镇在探讨举国体制时指出，竞技体育举国体制的形成和定型与同时代的政治、经济体制、文化类型和社会发展有很大的相容性，符合同时代中国所处的国际环境。③ 段世杰从社会主义初级阶段竞技体育的特点和我国竞技体育的发展等方面论述了我国竞技体育体制的改革。他认为要保留竞技体育的举国体制，但在市场经济的新形势下，其实现方式要有新的发展。④ 杨桦认为：即使今后我国国民经济发展达到小康，在相当长的历史时期内，可以肯定，我们仍然在一定程度上要依靠这一体制在世界体育的竞技场上保持和争取更大的成绩。但其内容、形式、动力的价值取向都应有所突破。⑤

李元伟等在总结了举国体制得与失后，提出了完善举国体制的总的思路是：建立与社会主义市场经济体制相适应的、符合当代体育发展规律的新型组织管理体制、训练竞赛体制和社会化保障体系，进一步提升我国竞技体育的国际竞争力，使体育事业的整体素质和发展水平在新世纪跨上一个新的台阶。⑥

郝勤（2005）认为，在市场经济条件下，举国体制面临着人才、经费、管理、效益、退役运动员安置等诸多矛盾，要通过深化改革，建立政府、市场、社会三位一体的运行方式，在继续保持举国体制优势基础上，构建适合市场经济体制的举国

---

① 厉丽玉：竞技队伍与人才培养[J]. 浙江体育科学，2000（03）.
② 陈广：转型期我国田径竞技后备人才发展现状及对策研究[D]. 北京：北京体育大学，2005.
③ 卢元镇. 体育的社会文化审视[M]. 北京：北京体育大学出版社，1998：44-49.
④ 段世杰. 关于社会主义初级阶段我国竞技体育发展战略的思考——体育改革与发展的思考[M]. //全国体育发展战略研讨会文集. 国家体委政策法规司，1998：114-121.
⑤⑥ 杨桦. 20世纪80年代以来我国竞技体育发展的成功经验及存在的问题[M]. //全国体育发展战略研讨会文集. 国家体育总局政策法规司，2001：57.

体制和运行机制。① 戴敬东（2005）研究认为，当前举国体制在外部面临着国际国内环境的重大变化带来的影响，在内部则面临着体育事业整体协调发展、竞技体育利益主体分化、人才培养模式的缺陷以及两个战略协调发展等诸多挑战。在此基础上，从社会发展的角度提出要用"人本主义"和"科学发展观"来指导举国体制的改革，并且依据竞技体育体制改革实践提出了"改革"与"改良"的可能变革模式。② 梁晓龙（2006）等人从探讨举国体制与奥运战略的关系角度出发，结合当前国际竞技体育发展趋势，分析了举国体制与我国竞技体育发展现状的密切关系，结合我国竞技体育的发展历史，提出必须坚定不移地坚持举国体制。③ 肖谋文等人（2006）通过论证举国体制在目前面临的困境，提出了在深化举国体制改革过程中，重点要处理好政府与市场、内部与外部等一系列关系。④

段传虎认为当前我国竞技体育举国体制存在的问题有：①体制失控，竞技体育异化现象日趋严重；②社会办竞技体育的积极性不高；③中国运动员文化教育和就业安置问题突出；④利益格局多元化矛盾加剧；⑤竞技体育与群众体育、学校体育未能协调发展；⑥"举国体制"使得竞技体育非奥项目边缘化等。原因主要有：①对计划经济体制下运行方式与工作方法的惯性依赖；②政治、经济体制改革带来的竞技体育举国体制短暂的不适应；③对竞技体育举国体制自身改革与发展的认识不足；④对国外体育体制的引进、消化吸收等方面存在不足。提出体育强国目标下中国举国体制改革的新路径：①树立科学的体育价值观，坚持体育服务于人；②构建多元化体育管理体制，全面发展体育事业；③处理好各种利益主体间关系、承认利益主体多元化；④建立竞技体育回归教育的新机制，提高运动员文化素质和就业能力；⑤继续加大对体育产业的扶持力度，提高社会办体育的积极性。通过体制创新，为我国竞技体育快速、健康发展提供制度上的支持。⑤

张新萍在讨论2008年后的中国体育改革时提出：中国体育改革的必由之路是体育体制创新，通过体制创新建立中国特色、社会主义市场经济体育体制。体制创新可以沿三条主线推进：一是利益关系调整，二是产权制度创新，三是政府职能转变。竞技体育体制创新是体育体制创新的核心。⑥ 宋继新从体育管理体制组织结构改革的角度，论证了体育体制改革应分两步走，首先从举国体制向纵向和垂直分化的国家与社会结合体制过渡，然后逐步向水平分化的国家管体育社会办体育的新体

---

① 郝勤. 社会主义市场经济与新型"举国体制"的形成 [J]. 体育文化导刊, 2005 (03).
② 戴敬东. 论我国竞技体育"举国体制"的挑战因素及可能的变革 [J]. 广州体育学院学报, 2005 (06).
③ 梁晓龙. 举国体制与我国竞技体育发展战略及现状 [J]. 体育科研, 2006 (01).
④ 肖谋文. 对我国体育举国体制的再思考 [J]. 山东体育学院学报, 2006 (01).
⑤ 段传虎. 体育强国目标下我国竞技体育举国体制创新研究 [D]. 长春：吉林体育学院, 2012.
⑥ 张新萍. 前奥运举办国对北京奥运会后中国体育改革与发展的借鉴 [C]. 首届中国体育博士高层论坛.

制变革。[①]

田麦久在探讨中国竞技体育科学发展目标时指出,随着中国竞技体育水平的迅猛提高,中国的竞技体育应该沿着科学发展的道路继续前行。其发展目标应确定为继续实现竞技运动水平的持续发展,做促进全面发展体育强国建设的生力军以及肩负起时代赋予我国竞技体育的国际责任。[②]

何强在审视我国竞技体育体制改革时认为,进入市场经济以后,在建立与市场经济相适应的竞技体育体制和运行机制目标指导下,改革重点从体制的改革和机制的转化入手,通过对原有体制的结构性变革,开始了建设与市场经济相适应的新体制的改革实践。但是,在改革实践中,对"金牌"的过分关注,在一定程度上加剧了我国体育事业整体性结构性矛盾,同时导致改革实践偏离既定的目标设计。以金牌为导向的竞技体育目标模式和评价标准使得改革对原有体制有着高度的依赖性,同时加之对既得利益的维护,导致进一步深化竞技体育体制改革面临着目标定位不清、改革动力不足、实际工作重心偏离体制改革等不利因素影响。建议首先从观念入手,以科学发展观取代单纯金牌观,同时加快经济体制、政府管理体制、事业单位体制、民主法制等领域的改革步伐,为深化改革提供有利环境。在改革实践中,应明确战略部署、分步推进改革;重点以职业化改革、协会实体化改革以及高校高水平运动队培养体制改革为突破口,全面带动和推进竞技体育体制改革的进一步深化。

通过梳理众多关于"举国体制"的研究成果,我们可以看出,作为我国竞技体育发展过程中的一种特殊的制度选择,大部分学者还是对"举国体制"持一种辩证的态度:即一方面肯定了"举国体制"在推动我国竞技体育快速发展方面的积极作用;但同时也明确指出,由于举国体制的形成和实施有着特殊的时代背景,随着当前社会改革的逐步深入,已经从根本上动摇了原有举国体制的生存和发展基础,使得举国体制在运行中遇到了许多不可调和的矛盾,必须进行改革。同时,我们认为部分学者提出的一些与上述不尽相似的观点也是有价值的:举国体制并不与经济制度有着必然的联系。无论是市场经济,还是计划经济都可以采用举国体制。只是在两种截然不同的经济制度条件下,举国体制的实际运行有着本质的区别。因此,就当前我国竞技体育发展而言,举国体制并没有完全失去其存在的历史合理性和意义,尤其是面对奥运会等这样的国际大赛,举国体制仍然是我们值得信赖的"制胜法宝"。因此,在深化竞技体育体制改革中,构建既能够发挥原有举国体制的优势,又能够适应市场经济体制要求的"新型举国体制"已经成为当前改革的

---

① 宋继新. 论国家体育管理体制变革的重心——体育管理组织结构创新的再研究 [J]. 北京体育大学学报, 2008 (05).
② 田麦久. 北京奥运会后我国竞技体育科学发展的目标设置 [J]. 天津体育学院学报, 2009 (06).

重中之重。①

第二节 关于竞技篮球管理与职业化改革的研究

纵观国际篮坛，篮球运动的职业化进程飞速发展，竞技水平不断提高，而我国的篮球运动竞技水平与世界篮球强国尚有一定的差距，优秀的篮球人才数量不多，各级运动队的训练水平不高，竞赛与训练的矛盾也日渐突出，相关的制度建设以及篮球产业开发等工作滞后，在理论层面缺乏对本项目的全面、系统、深入研究。白喜林通过系统研究，提出了我国竞技篮球发展战略指导思想和战略目标，指出战略重点是制度建设和人才培养。②

贾志强认为：社会转型期我国竞技篮球运动管理系统的动力机制是多元化的；国家利益仍是体育管理系统的首要动力；经济利益逐渐成为管理系统的重要动力来源。在竞技篮球竞赛管理方面，国家篮球运动管理中心掌握篮球竞赛管理的组织权和管理权。体育系统仍作为我国竞技篮球发展的主要力量与教育系统争夺竞赛市场。在竞技篮球训练管理方面，体育系统篮球训练纵向组织结构分为高级训练、中级训练和初级训练形式；教育系统分为大学阶段、中学阶段和小学阶段三个层次。③

关于职业联赛的改革，王建国提出：篮管中心下放部分权力、CBA俱乐部共同出资成立后备人才库、建立CBA联赛的监督机构、加强对CBA联赛的监察等。④篮球运动管理中心主任信兰成在1998年全国篮球工作会议上总结时指出，由专业队向俱乐部制过渡的情况下，职业篮球俱乐部产权不清晰，责权不明确是存在的主要问题之一。杨铁黎（2001）在研究我国职业篮球市场时提出：进一步深化职业篮球自身体制的改革，有计划、有步骤地建立起一个符合国情的职业篮球管理体制，从职业篮球市场运行机制入手，建立科学民主的决策机制、动力机制、创新机制和约束机制；其次还要进行赛制改革；建立合理的分配制度。⑤

郝家春认为：我国竞技篮球职业化是在政府相关职能部门的主导下，由多种所有制形式参与的一种由上而下的社会化、市场化改革探索。我国竞技篮球职业化改革实践是在职业体育社会条件并不齐全的背景下开展的。当前困境的主要表现形式有：指导思想过于理想化、竞技成绩未有突破、职业化水平较低、市场开发薄弱、竞赛体系不完善、潜在的颠覆性隐患等方面。产生困境的根源主要有：管理体制制

---

① 何强．改革开放以来我国竞技体育体制改革的历史审视［D］．北京：北京体育大学，2008.6.
② 白喜林．中国竞技篮球发展战略研究［D］．北京：北京体育大学，2003.5.
③ 贾志强．社会转型期我国竞技篮球发展环境特征及其对策研究［J］．//第八届全国体育科学大会论文摘要汇编（二）．2007.
④ 王建国．NBA制衡机制的研究［D］．北京：北京体育大学，2005.5.
⑤ 杨铁黎．职业篮球市场论［D］．北京：北京体育大学，2001.5.

约、职业化目标定位不清晰、人才瓶颈制约、法制建设滞后、社会转型期的局限以及市场主体地位未确立等方面。其中管理体制和人才瓶颈制约是产生困境的主要根源。①

赵国华以"发展战略理论"为理论基础，分析我国竞技篮球职业化的战略对策为：政府职能从决策型向引导型转变，形成以联盟为核心的新型决策主体；完善立法机制，健全执法机构，加强制度创新，封闭控制途径；科学规划职业篮球的市场经营，完善法人治理机制，整合职业篮球资源，提高我国竞技篮球职业化的产业规模；完善我国职业篮球的人才结构和素质建设，创新人才输送渠道和模式，坚持科学发展观的人才培养理念；提高联赛对提高篮球水平的驱动，渐进发展联赛的竞赛模式；加强俱乐部实体化建设，建立去行政化的职业篮球俱乐部模式，加强俱乐部造血功能，整体规划俱乐部规模和地域布局。②

孙义良（2008）通过调查分析我国职业篮球俱乐部的现状和发展走向，认为我国职业篮球俱乐部面临的主要问题是产权不清、责权不明，经营管理体制不完善，市场开发不足，内部管理制度不健全；体育局与企业合资型俱乐部是篮球职业化的阶段性产物，企业独资型俱乐部将成为我国职业篮球俱乐部的发展走向。③

张宏成（2002）认为，我国竞技篮球职业化面临的主要问题包括管理体制不够完善、缺乏合理的竞争激励机制、篮球市场发展缓慢，发展不平衡等。④

孙民治（2004）就发展中国篮球运动的战略性对策提出了六个方面的建议：必须进一步统一认识，解放思想，更新观念，全面推进篮球运动领域内的综合改革，在改革中建立新秩序，展现新面貌，再攀新高峰；从实际出发，进一步明确我国篮球运动的定位目标，确立正确的篮球训练工作方针及指导思想；全方位落实深化篮球管理体制改革，健全法规，依法治球，形成新的管理网络，理顺纵横管理职能关系，建立符合中国特色的篮球运动管理新模式；全面规划，采取非常措施，培养造就一批结构合理、综合素质高的教练员、运动员、裁判员队伍，这是振兴中国篮球事业的希望所在；切实掌握优秀篮球运动人才培养和成长的规律，落实从学校抓起和从青少年着眼的方针，多途径地培养与储存篮球后备人才；共同奋斗、努力提高我国篮球运动竞技水平；积极倡导篮球运动的科学研究，建立起我国新颖的篮球理论体系和训练实践科学程式，促进科学化训练、竞赛、管理和教育水平的提高。⑤

---

① 郝家春. 我国男子竞技篮球职业化发展的困境与路径研究 [J]. 第八届全国体育科学大会论文摘要汇编（二）. 2009.
② 赵国华. 我国竞技篮球职业化发展战略研究 [D]. 苏州：苏州大学，2013.
③ 孙义良. 我国职业篮球俱乐部现状与发展走向研究 [J]. 武汉体育学院学报，2008（3）：30.
④ 张宏成. 从世界职业篮球的发展看中国职业篮球改革 [J]. 体育文化导刊，2002（6）：16 - 18.
⑤ 孙民治. 篮球运动高级教程 [M]. 北京：人民体育出版社，2004.8.

近十年，我国对竞技篮球的研究主要集中在篮球职业化方面。研究者从不同的角度对存在的问题进行了解剖和理性反思，并提出了一些改革思路。而对竞技篮球中观层面和微观层面的研究成果不多。由于我国国情复杂，各地经济发展水平差异较大，竞技篮球也存在区域发展的不平衡，因此，加强中观和微观层面的理论与实践研究是必要的。

第三节 关于高校竞技篮球的研究

高等院校试办高水平运动队是我国建立多层次、多渠道培养优秀运动员人才梯队的战略举措。池健认为，十多年来，试办工作在探索中取得了长足的进展，部分实现了由"教育部组队参加世界大学生运动会的目标"。但高校在试办高水平运动队试点工作的过程中也暴露了许多问题，其中有些问题是深层的，难以用修修补补的办法解决。[①] 秦百里等认为：高校开展篮球运动具有良好的发展空间，丰富了校园文化。尚需解决的主要问题是：①学习与训练、比赛发生矛盾的问题；②篮球队训练及比赛的资金问题；③高校高水平篮球人才缺乏；④运作机制尚待完善、经验尚需积累；⑤后备人才基地尚需建立；⑥加强国际的校际交流活动。[②] 谷志立等在系统理论的指导下，对全国大学生篮球联赛管理的组织机构、竞赛管理的性质、大篮协与赞助商的关系、竞赛规程、法规建设、竞赛水平等几方面进行研究后提出，要确立大篮协组织机构的广泛性、民主性、权威性；竞赛管理上走"民办公助"的道路；大篮协与赞助商彼此独立运作；确定合理的竞赛时间、分级；尽快建立法规体系和逐步提高竞赛水平。[③]

1998年CUBA应时而生；紧接着"中国大学生男子篮球超级联赛"（简称"大超"）又肇始于2004年10月。这两项赛事的创办把高校篮球运动推向了高潮。

CUBA坚持以"发展高校篮球，培养篮球人才"为宗旨，虽然经历过颇多曲折，但是CUBA联赛坚持不断创新，与时俱进，让社会感受到了中国篮球新感觉，同时探索到了一条适合培养高校篮球人才的新道路，极大地促进了高校篮球的发展。

褚翔等指出，CUBA是以高校大学生篮球运动员为主体的我国大学生自己的篮球联赛。CUBA联赛重视教育，以培养高素质高学历篮球人才为目的，带有浓厚的文化气息。CUBA联赛球员文化素质高、参赛院校体育文化浓、赛事普及范围广、跨年度赛程长、参赛球队数量多、媒体报道踊跃、市场推广规模大，给我们带来了

---

① 池健．关于"高校试办高水平运动队政策"的解析［J］．天津体育学院学报．2003，18（4）：75-77．
② 秦百里，郭廷安：高等学校组建高水平篮球队运行机制探索［J］．体育与科学．2002（5）：69-70．
③ 谷志立，李惠林．全国大学生篮球联赛管理体制现状分析与对策［J］．体育与科学，2000，21（4）：24-29．

中国篮球新感觉。CUBA在中国高校内掀起了校园篮球文化热潮，获得了强势文化的传播优势，从而能够更好地培养篮球人才以及传播和推动篮球运动的发展，可以说CUBA是我国篮球运动的希望工程，CUBA联赛培养出来的运动员将是我国篮球的希望之星。[1]

杨桦分析指出，CUBA在促进高校篮球发展的同时，对中国篮球与国际接轨起着重要的作用。CUBA不是照搬NCAA，而是借鉴它的组织运作方法、手段，针对我国篮球后备人才匮乏、培养模式弊端日益彰显的现状而应用，是在篮球改革进程中的又一创新，它的出现给中国篮球改革的影响是革命性的。CUBA的成长必将导致我国篮球人才培养体系的重组。建立小学—中学—大学"一条龙"的后备人才链及人才网络体系最终成为现实。[2]

郁俊从CUBA的竞技水平与青少年后备人才的关系角度来探析后备人才的培养问题，认为CUBA的基础在中小学校，其发展前景在于中小学篮球运动的广泛开展和运动水平的提高。因此，为适应市场经济体制的要求和培养我国篮球后备人才的需要，改革中小学少年儿童篮球训练与赛制，使之社会化、市场化，已是当务之急，这对于CUBA的发展和我国篮球水平的提高举足轻重。[3]

刘玉龙通过调查分析发现，目前CUBS赛事存在管理体制不够完善合理，运动员学、训矛盾突出，球队结构不完整、管理混乱、经费短缺等不利因素。他认为我国大学生篮球赛事的发展目标应该是整合资源、优化配置，把大超联赛打造成我国一项赛制完整、培养体制健全、联赛目标明确的高水平大学生篮球联赛。对赛事组织管理体制进行改革，明确政府职能部门的角色定位，加强大体协的自主和监督权利、合理调整组织结构，积极推进实体化建设。[4]

徐素华在大超联赛与NCAA的比较研究中认为，大超联赛要真正成为高水平篮球竞技人才的培养基地，就要拥有庞大的篮球后备人才，因此，大超联赛要扩大规模，让更多的大学加入进来，建立完全、真正的中国大学生篮球超级联赛。[5]

关于高校竞技篮球的理论研究是近几年的一个热点，原因可能基于：①研究者多为高校教学科研人员，对发生在身边的事较为关注也更为熟悉；②教育改革的继续深化，CUBA产生的良好社会效益和经济效益引起了研究者的深思。而综合上述研究，笔者认为有些问题还有待深入探讨，如高校竞技篮球与我国竞技篮球的关系，高校竞技篮球的发展与教育改革的深化，高校竞技篮球发展与青少年全面发展的关系，CUBA与大超的关系等。

---

[1] 褚翔，胡启良.CUBA的特色与发展方略[J].成人体育学刊，2004，20（3）：35-36.
[2] 杨桦.CUBA回顾与前瞻[J].四川体育科学，2004（4）：16-20.
[3] 郁俊.从CUBA谈中小学篮球后备人才的培养[J].山东体育学院学报，1999，15（4）：55-57.
[4] 刘玉龙.中国大学生男子篮球超级联赛现状与发展研究[D].长沙：湖南大学，2013.
[5] 徐素华.大超联赛与NCAA的比较[J].科教文汇（下旬刊），2007（07）.

第四节 关于青少年竞技篮球后备人才的研究

我国篮球后备人才培养体制是从20世纪50年代形成的，即以当时体委负责下的体育运动学校、业余体校为基层单位来培养不同年龄、不同水平的青少年运动员，来完成向上一级机构输送人才的任务。但是，随着社会主义市场经济体制的建立，以及改革开放所引起的一系列社会变革，对原有的培养体制带来很大的冲击。目前，我国篮球二三线队伍建设很不健全。除国家队配置完整外，俱乐部和各省市篮球一、二线队伍建设就非常不健全。有人士认为其原因是：第一是受奥运战略的影响，集体项目资金受到压缩；第二是职业化改革重点在一线队伍，基层队伍的资金仅有一小部分；第三是受到社会经济发展及人们价值取向的偏见，父母不愿意让子女参加篮球训练；第四是训练条件难以改善，训练水平得不到提高；第五是由于二线队伍建设的薄弱，使一线队伍的质量相应下降，严重地影响了篮球后备人才的培养。

于振峰等认为要理顺我国篮球后备人才培养体制，首先要由过去的国家培养体制，变为由国家（体育和教育两大系统）、社会共同培养的多渠道、多形式的培养体制。培养篮球后备人才应该：①学、训结合；②体育、教育系统相结合；③鼓励社会兴办篮球学校或俱乐部，拓宽培养人才的渠道；④利用节假日和学生业余时间举办多种形式的篮球训练班、夏令营等；⑤建立合理的青少年竞赛制度，培育和开发篮球后备人才市场。①

钟嘉奎认为完善培养体制是保障，扩大篮球人口是基础。中小学是选拔和培养篮球后备人才的主要基地，要由过去单一的国家培养体制变为国家、社会共同培养的多渠道、多形式的培养体制。② 高建磊认为可以采取以下措施：①建立一套稳定的竞赛体系；②制定一套篮球竞技后备人才发展战略；③拓宽训练经费来源渠道；④增加对输送优秀篮球竞技后备人才单位和个人的奖励；⑤建议有关部门适当减轻篮球教练员工作量，增加教练员的人员配置，尽快完善各类学校篮球教练员培训制度。③

刘庆山通过对我国篮球后备人才（13—18岁）培育的现状调查，提出培养对策：①逐步实现"体教结合"；②促进篮球后备人才培养的社会化，拓宽培养渠道；③深化少年篮球竞赛体制改革；④加强教练员队伍岗位培训；⑤加强大众媒体

---

① 于振峰等. 中国篮球竞技后备人才现状调查与培养对策 [J]. 体育学刊，2002（5）：23 - 25.

② 钟嘉奎. 论中国篮球运动后备人才的培养 [J]. 山东师范大学学报（自然科学版），2004（3）：107 - 109.

③ 高建磊. 转型期我国青少年篮球人才培养现状研究 [J]. 佛山科技学院学报，2003（2）：35 - 37.

的传播，营造有利于篮球后备人才培养的社会环境。[①] 张振东等认为我国篮球后备人才的培养采用市场化运作是必要的，并提出了市场运作的思路：①篮球后备人才的市场运作必须遵循价格机制、竞争机制和供求机制；②兴办青少年篮球俱乐部是市场经济发展的必然，也是发展的有效途径；③发挥政府对篮球后备人才市场的宏观调控作用，建立篮球后备人才管理体系。[②] 刘玉林等认为：我国竞技篮球后备人才的培养模式应该由过去单一的"举国体制"过渡到由国家和社会共同培养的多渠道、多形式的培养体制。加强对篮球重点学校高水平运动队的投入，形成"小学—中学—大学"训练网，为职业队有偿输送人才。[③]

蔡美燕等（2011）认为，职业篮球俱乐部后备人才培养是我国竞技篮球后备人才培养和输送的新途径和主渠道。影响我国职业篮球俱乐部后备人才培养的主要因素有政策与制度因素、社会经济因素、教练员因素、科技因素、观念因素；我国职业篮球俱乐部后备人才培养没有比较完善的培养体制，没有较充足的资金保障，全国选材，运动员的待遇不好，专业化训练程度不高，不能达到"举国体制"与"职业化"结合双赢的效果，对后备人才的文化学习不够重视，教练员大多还是以经验进行选材和训练，掌握和运用先进的电子设备进行训练的监测和控制方面的能力不够。[④]

张宏成等针对篮球后备人才培养过程中运动员的再教育和社会就业安置问题，提出建议，一方面要教育运动员加强自学，另一方面，国家和社会要给运动员的就业、升学提供制度保障，以利于优秀后备人才的全面培养。[⑤]

考察以往研究，多是对竞技篮球后备人才培养过程中出现的问题进行事实反映，并试图通过理论探索来消解症结。这种努力是有贡献的，在理论上掀起了如何培养后备人才的研究热情，在实践中也引起了决策层的高度关注并对管理结构进行了适应性调整。但也不难看出许多研究都有一个基本的特点，就是立论的角度问题，显见的就是从国家需要的角度来思考如何培养、如何进行制度创新、如何提高竞技篮球水平等方面，研究具有极强的功利性，鲜见把青少年的全面发展放在中心位置，坚持科学发展观来思考竞技篮球后备人才培养的系统理论研究。笔者认为，这可能是我们在为什么培养、如何培养和培养什么人方面的价值取向存在问题。关于这一点在下述研究中笔者将再做阐述。

[①] 刘庆山. 对我国篮球后备人才（13 - 18 岁）培养现状分析及发展对策研究 [D]. 北京：北京体育大学，2001.

[②] 张振东. 对我国篮球后备人才市场运作的研究 [J]. 武汉体育学院学报，2004（3）：174 - 176.

[③] 刘玉林. 世界篮球运动发展趋势和我国篮球运动改革现状 [J]. 成都体育学院学报，2000（2）：70.

[④] 蔡美燕. 我国职业篮球俱乐部后备人才培养影响因素研究 [J]. 山东体育学院学报，2011（4）：70.

[⑤] 张宏成，等. 构建我国篮球后备人才文化教育体系的理论思考 [J]. 体育文化导刊，2003（11）：13 - 14.

第五节　国内外相关比较研究

从目前国内的研究及成果的涉及范围来看，主要可分为两类：

一类是以分析和介绍其他国家竞技体育后备人才培养为主要内容的论著。美国是一个体育强国，竞技体育水平居世界前茅，健全、完善的高校体育体制是其重要支撑。美国高校竞技体育在对学生运动员的招收、管理、竞赛等一系列机制上形成了一整套完善的体系。业内人士对此体系有较深入的研究，池健的《美国大学竞技体育管理》[①]就是一部有代表性的著作。此外，钟赋春的《美国高等学校及体育》一文也比较完整地介绍了美国高等学校及体育的发展环境、校际体育中存在的问题以及管理者的对策。这些研究总结得出：美国竞技体育后备人才的培养主要依托教育系统。经过长期的制度变迁逐渐形成了"小学—中学—大学"一条龙的体育后备人才培养体系。美国的中学体育部和运动俱乐部负责校内外的比赛活动，按计划参加社区、城市或州的比赛。州中学运动协会负责本州竞技运动的组织和管理。中学运动协会全国联合会主要负责全国性赛事的组织与管理。大学校际运动会实行分级赛制，各成员大学按体协制定的分级标准划分为一、二级，条件相近的学校同组竞争。

在德国，体育俱乐部是基层体育组织，到现在已有近200年的历史。规模较大的业余体育俱乐部，均设有青少年部，负责青少年和体育后备人才的培养。

王庆伟等则介绍了澳大利亚的体育后备人才培养体制，澳大利亚体育后备人才基层培养组织是社区俱乐部，培养高水平运动员的中层体育组织是州立单项运动协会和州立体校，联邦政府主要负责高水平运动员的培养。澳大利亚运动员成长路径多样化，如可以从小社区体育俱乐部直接进入国家体育学院或职业体育俱乐部进行训练，并不一定需要逐层向上流动，关键取决于个人自身的运动素质。同时，澳大利亚各种级别的体育俱乐部里有众多的体育经纪人，为具有运动天赋的体育人才提供了更多的机会，也便于在更广泛的范围内发现体育特殊人才。[②]

另一类是通过中外对比研究并结合国情实际，对如何完善中国竞技体育培养体系做出积极的探索。如王波和陈杰在《中美高等学校高水平运动队外部领导和内部管理体制的比较研究》一文中认为，中美两国运动队的外部领导和内部管理体制上具有较强的互补性。曹景伟在《21世纪普通高等学校高水平运动队的发展机遇》一文中就高校体育发展的国际化问题作了探讨，介绍了美国高校校际体育竞赛成功的商业运作。王永盛的《美国、中国大学校际体育竞赛制度组织结构和管理体制的比较研究》一文中列举和分析了中美两国高等学校体育竞赛的现状与特

---

① 池健. 美国大学竞技体育管理［M］. 北京：人民体育出版社，2005（11）.
② 王庆伟，等. 澳大利亚高水平运动员培养体制调查研究［J］. 体育科学，2004（1）：36-39.

点，从两国高校体育竞赛的组织管理体制、竞赛体制以及对运动员的学籍管理等方面进行了比较研究。张峰、韩巧云等在《中美普通高等学校体育的比较研究》一文中对著名高校的体育课教学、校运动队训练、校内比赛和体育师资培养四个方面进行了比较，并依据两国的不同国情，对两国高校体育工作的特点进行了深入的讨论。金玉在《中美大学高水平运动员选材管理的比较研究》一文中，对中美两国大学高水平运动员的选材管理现状及特点进行分析与比较，指出中美两国大学高水平运动员在选材手段、管理人员、选材方法、选材渠道以及录取标准等方面各有特点，差别较大。[①] 彭雪涵等运用比较的方法，从文化视角对中美竞技体育体制的发展进行分析，发现脱胎于移民文化背景下的亚文化群——种族文化与美国的主文化特质，共同构建美国竞技体育体制的多元化形态；植根于几千年儒家文化背景下的亚文化群——民族凝聚力与中国的主文化特质，共同影响着我国竞技体育体制的发展。在全球化趋势下，民族凝聚力的重构和中美主导文化特质的融合，使得体育制度和行为方式出现变迁，中国竞技体育体制统一模式化面临一定的突破。[②]

笔者认为，体育理论界在研究国外竞技篮球后备人才培养规律时的一个缺陷就是过多地陈述其外显的具体操作模式，并与我国的培养实际进行比较，缺乏从唯物史观的角度考察其模式生成的内在机理。对把国外培养人才的成功模式运用到我们国内抱有朴素的乐观主义态度。须知"模式引进易"，而"洋为中用难"。所以，在研究国外竞技篮球后备人才培养时，必须要把促进我国竞技篮球后备人才培养的制度改革作为最终目标，任何国外的先进人才培养模式如果不能应用于中国竞技篮球后备人才培养实践或为中国的后备人才培养改革提供指导或借鉴，那么也只能是园外之果，遥见其形而难品其味。

小结

综观近年关于竞技篮球后备人才培养的研究成果，多是从体育的视角来探讨，没有把竞技篮球后备人才培养真正放到社会、经济、教育和文化的大背景中去考察，从社会学视角来深入探讨竞技篮球本质特征及内在机理的研究成果相对缺乏。具体来说，表现在以下几个方面：

在理论层次上，研究者的视野主要集中在抽象的关于竞技体育后备人才培养的发展战略、培养体系等宏观层面上。未深入到内容不同、特性各异、主体多元化的后备人才培养的运行实际中去。

在研究主题上，理论探讨的重点主要集中在比较抽象的论证竞技体育后备人才培养"应该怎样""必然怎样"的"应然"层面上，并由此构架出理想的竞技体育后备人才培养蓝图，却忽视了对竞技体育后备人才培养"实际怎样""可能怎

---

① 凌平. 中美高校体育管理比较研究［M］. 杭州：浙江大学出版社，2003（5）：13－14.
② 彭雪涵. 文化视野中的中美竞技体育体制比较研究［J］. 北京体育大学学报，2007（04）.

样"的"实然"层面的研究。而且往往把"应然"与"实然"这两个本来属于不同层面的问题等量齐观，裹在一起，使竞技体育后备人才培养的理论研究没有深入到实际培养中去，因而难以对现实竞技体育后备人才培养的运行情况做出系统理性的探讨。

在参照系统上，缺乏从运行机制的角度来深刻总结、整理和解析计划经济体制下培养竞技体育后备人才的得失。对国外有关竞技体育后备人才培养的研究成果缺乏全面深刻的介绍和评述，介绍培养模式较多，而对决定培养模式的前提，即经济、政治、社会文化体制及其与竞技体育后备人才培养运行机制的关系研究较少。

在研究方法上，思维范式不够宽泛，多使用逻辑推演、抽象思辨的方法论，较少采用以实践、科学为基础的实证方法。由于工具使用的不利，也妨碍了竞技体育后备人才培养理论研究的深入。

在研究范围上，多是从整体上对竞技体育后备人才培养进行考察，较少落实到一个运动项目的实际运行中去。在社会分化加剧、竞技篮球后备人才培养模式多样化、培养主体多元化的转型期，需要在社会变迁大背景下对竞技篮球后备人才培养运行实际进行深入研究。

由此，本书尝试从社会学、管理学、社会协同学等学科视角，以运行机制为切入点，以我国市场经济体制改革和篮球管理体制改革的不断完善为契机，坚持以人为本的科学发展观，从整体上来解读我国竞技篮球后备人才培养运行机制的特质，并在此基础上来探索竞技篮球后备人才培养的理想模式，描述良性发展的运行图景。

第三章　竞技篮球后备人才培养运行机制与协同发展理论

第一节　竞技篮球后备人才培养运行机制的概念界定

任何严谨而科学的学术研究，都必须以界定清楚它所使用的基本概念、术语为前提。研究竞技篮球后备人才培养运行机制问题，最为关键的概念与术语就是"机制"、"竞技篮球后备人才"以及"竞技篮球后备人才培养运行机制"。因此，弄清上述几个概念的特质及一般性与普适性含义，就成为研究竞技篮球后备人才培养运行机制的逻辑前提。

一、"机制"的内涵界定

从词源学来看，"机制"是一个外来词，源自希腊文"mechane"，意指机器、机械。英文"mechanism"语境中兼有"机械装置""结构""作用过程""机能""机理"等多重释义。可见，"机制"的词源学本意最初指机器运转过程中各个零部件之间的相互依托、相互作用的连接方式及运转方式。后来，18世纪的唯物论者提出"人是机器"的观念流行至极，机制一词被运用到生理学领域和医学领域，通过类比方式使用了生物机制、病理机制等概念。因此，众多辞书一般是从其原生意义出发并着眼自然科学来界定"机制"的。《现代汉语词典》对机制的界定为："①机器的工作原理；②有机体的结构、功能和相互关系。"[①]《辞海》则界定为："原指机器的构造和动作原理，生物学和医学通过类比借用此词。……在研究一种生物的功能时……常说分析它的机制，就是说要了解它的内在工作方式，包括有关生物结构组成部分的相互关系，以及期间发生的各种变化过程的物理、化学性质和相互关系。阐明一种生物功能的机制，意味着对它的认识从现象的描述进到本质的说明。"[②]其他辞书对机制概念也作了内涵相近的不同表述，指出机制一词现在常被用来泛指事物之间的"有机联系"和"相互作用"。

随着体育科学的发展，近些年，机制一词在体育科学领域使用的频数越来越高。应该说，把机制与体育运行联系起来，从机制的层面和视角观察体育运行，是体育科学研究中有意义的实践。说明了体育科学的发展和活跃，说明了理论界对体育领域问题的探索上升到了一个新的层次、深度和高度，即，着眼于体育发展、变化过程中的整体动态视角来观察、认识、把握和解决体育实践和体育发展中的种种问题。

[①] 参见《现代汉语词典》. 商务印书馆，1983：523.
[②] 参见《辞海》（缩印本）. 上海辞书出版社，1983：2862.

社会科学和体育科学领域中的机制概念是从自然科学领域中借用、移植而来的，是对基于自然科学的机制概念的引申，是社会科学以及体育科学借鉴自然科学方法论的产物。但必须注意到，与自然科学领域原始意义上的机制相比较，社会科学和体育科学领域中引申意义上的机制则呈现出更多复杂性。竞技篮球后备人才培养运行机制不仅牵扯到竞技篮球、体育，还牵扯到社会巨系统运行过程中的物质要素和精神要素之间的结构与功能、作用与反作用、联系与制约的条件变化的影响，而且需要处理和协调好内部要素与外部要素之间的互动与整合、和谐与优化；同时，由于培养活动的主体是有能动性的人、群体、组织等，更增加了它的权变性。因此，和自然领域的机制不同，竞技篮球后备人才培养运行机制具有突出的目标性、人为性、可控性、层次性、复杂性、广泛性的特质。

通过考察机制概念的演绎可以发现，不论在自然科学中还是在社会科学中，机制作为一个普适性的概念涵盖着三层基本含义：一是指事物各组成要素的相互联系，即结构；二是指事物在有规律性的运动中发挥的作用、效应，即功能；三是指发挥功能的作用过程和作用原理。结构、功能、作用过程和作用原理是构成机制的三个基本要素。[①] 其内在逻辑关系是：机制构成主体之间的相互联系可看成是机制的静态关系结构；各主体之间的相互作用可看成是机制的动态表现形式；这种相互联系和相互作用具有稳定性和规律性，并将会产生相应的功能作用；机制的功能作用一般情况下应当大于或优于不同主体（或各个部分）功能作用简单相加之和。这种逻辑关系在机制运作过程中循环往复地出现，体现出一定的规律性，从而使机制表现为一种稳定的运作模式。据此，本研究对机制做如下操作性定义：机制是指系统或组织在运行过程中，构成系统或组织的各相关要素，根据某些确定的原则，通过相互联系、相互作用所产生的促进、维系、制衡系统正常运行的带规律性的结构与工作方式及其运行规则的总和。

为了加深对机制概念内涵与外延的理解，有几个概念的关系有必要厘清。因为在各种社会实践中，或者学术研究中，常可看到不加区别地使用机制、体制、制度等相近概念的现象。

词源学上，"体制"在《辞海》里的释义是："国家机关、企业事业单位机构设置和管理权限划分的制度。"体制用于标示事物内部的机构设置和权限划分，它是制度的一个下位概念。从形态上看，是对组织各组成要素所做的框架结构安排，体现为一种静态形式。在体育管理中，目前与之相关的最常用术语主要有两个："体育体制"和"体育管理体制"。在实际使用中，这两个术语并没有进行严格的区分和界定，经常混淆使用。而机制则是对事物之间相互作用和相互联系的方式和过程所做的一种制度安排，侧重于描述事物运行的活动状态，表现为一种动态过程。体制与机制两者之间实质上是一种相互依存的关系：一方面，机制必须依托体制来形成和运行，没有体制依托，机制就会失去赖以存在的基础；另一方面，机制

---

① 郑杭生，李强. 社会运行导论[M]. 北京：中国人民大学出版社，1993：348-349.

是体制发挥作用的载体和运作形态，体制需要借助机制运作来实现自身的作用和价值。

在现实中，还可以经常见到不加区别地使用机制与制度这两个概念的现象。如对于体育领域某一种行政管理方式，有的人称为法规、制度，而有的人则称为机制；反之亦然，忽视了机制与制度的内涵和特点。其实，两者之间既有区别，又有不可分割的关系。

关于制度，人们可以从哲学、经济学、社会学乃至其他学科给予不同的界定。根据《辞海》的解释，制度是指"具有普遍意义的、比较稳定的、有一定强制性和正式性的社会规范体系"。制度一般分为三个层次：根本制度、体制制度和具体制度。其中，根本制度属于宏观层次，是指人类社会在一定历史条件下形成的政治、经济、文化等方面的体系，如封建宗法制度、资本主义制度、社会主义制度等。体制制度属中观层次，可以是某些社会分系统方面的制度，如政治体制、经济体制、文化体制，体育体制等。此外，体制制度也可以指国家机关、企业、事业单位整体意义上的组织制度，如领导体制等。具体制度属于微观层次，是指要求社会成员共同遵守，按一定程序办事的规范或是行动准则，如工作制度、学习制度等。马克思曾说过，制度不过是迄今人们交往的产物。制度的本质，在马克思看来，无非是一定阶段上生产关系的法律化或政治化。在社会学视野中，有的学者多从控制论的角度阐释制度对人的行为进行社会控制的意义，认为制度与规则是同义词，是指人们应当加以遵守的行为规范。而西方新制度经济学家根据不同的研究目的对制度做出了不同的解释。T. W. 舒尔茨把制度定义为一种行为规则，这些规则涉及社会、政治与经济行为。① 道格拉斯·诺斯则认为"制度是一个社会中的一些游戏规则；或者，更正式地说，制度是人类设计出来调节人类相互关系的一些约束条件"。② 我国经济学家樊纲在综合各家之言后认为"所谓制度，是由当时在社会上通行或被社会所采纳的习惯、道德、戒律、法律（包括宪法和各种具体法规）、规定（包括政府制定的条例）等构成的一组约束个人社会行为，因而调节人与人之间社会关系的规则。"③

总之，制度着眼于确立行为规范，未执行时表现为静态的规则，而机制着眼于在不同的主体之间建立有机联系，使之相互作用，表现为一种动态的运作过程，这是两者明显的不同之处。两者之间密不可分的关系在于，机制的有机联系需要通过制度安排来固定，在形式上表现为一系列具有内在联系的规则或程序。如果各种制度之间无内在联系，就不可能产生新的整体功能，也就无所谓机制。内在相互联系是机制的实质内容，制度往往成为这种机制的外在形式，从而形成内容与形式相统

---

① 卢现祥. 西方新制度经济学 [M]. 北京：中国发展出版社，1996：3.
② [美] 诺斯. 制度、制度变迁与经济绩效 [M]. 上海：上海三联书店、上海人民出版社，1994：3.
③ 樊纲. 渐进式改革的政治经济学分析 [M]. 上海：上海远东出版社，1996：16.

一的有机整体。人们可以通过对几种不同制度的重新联结和整合，形成具有内在有机联系的机制。比如，将体育行政部门在不同时期制定的有关后备人才培养的奖励措施和惩罚措施联结起来，并使之相互配合，共同促进，形成奖优罚劣的合力，成为不可分割的整体，就是一种机制，即奖励与惩罚相结合的激励机制。

二、"竞技篮球后备人才"的内涵界定

在我国体育学术界，数十年来，中国体育已逐步形成"社会体育、学校体育、竞技体育"这样一种"三分之说"，这种说法似乎已成为我国第一部体育法的立法框架。当然，也有许多研究者从逻辑规则的角度对这种"三分之说"进行审视后发现，此分类法仍有不妥之处。由于本书主要涉及竞技篮球领域的问题研究，因此关于体育元概念及其分类法逻辑问题此书就不做过多讨论。因为在一般意义上，按功能的标准来划分都有竞技体育一席之地，依划分竞技体育概念的逻辑，人们又习以为常地把篮球运动划分为竞技篮球、余暇篮球等。根据白喜林（2003）的研究，划分考虑的依据：一是目的不同；二是手段不同；三是参与对象不同。他对竞技篮球的操作性定义是："竞技篮球是最大限度地提高和发挥篮球运动员在技术、战术、体能、意识、心理等方面的潜力，取得优异比赛成绩而进行的科学、系统的训练和竞赛过程。"[①] 并且认为竞技篮球是一个包括运动员选材、人才梯队培养、训练、管理、竞赛、科研等多个子系统相互协调配合的复杂系统。

分析已有研究成果，遵循竞技体育和篮球的内在规定性，本书确定"竞技篮球"的操作性定义为："竞技篮球是最大限度提高和发挥篮球运动员个体与群体在身体、心理及运动能力等方面的潜力，在有组织的训练和竞赛中取得优异运动成绩的活动过程。"

关于人才的定义也有许多解释，但就其本质的认识较为趋同，那就是都充分强调人才的创造性、进步性和社会历史性的辩证统一。[②]《辞海》对"人才"的解释是："①有才智和能力。②指人们认识世界、改造世界的才智和能力。"[③]《中国百科大辞典》人才卷对"人才"的解释是："①广义的'人才'指经过正规和非正规、系统和非系统、自我或环境的教育与训练，从而掌握了一定的知识，具有一定的能力、专长和有品德的人；②狭义的'人才'指具有较强的创造能力、对社会做出重大贡献的人。"[④]

《辞海》对"后备"的解释是："准备应用的。"[⑤] "后备力量"泛指战时可以征集到军队服役的人员。《现代汉语词典》的解释是："为补充而准备的人员、物资等。"[⑥] 在体育界内，"后备力量"和"后备人才"多用来指称优秀运动队下属

---

① 白喜林．中国竞技篮球发展战略研究［D］．北京：北京体育大学，2003.5．
② 叶忠海．普通人才学［M］．上海：复旦大学出版社，1990：12－16．
③ 国家新闻出版总署．辞海［M］．北京：中国书籍出版社，2003．
④⑤ 中国百科大辞典编委会．《中国百科大辞典》［M］．北京：中国大百科全书出版社，1990．
⑥ 中国社会科学院语言研究所词典编辑室：《现代汉语词典》［M］．北京：商务印书馆，2002．

的青少年运动员。而"后备人才"一词更能涵盖青少年的成才之意,近年来在体育界已成共识并广泛使用。赵桂银(1993)定义体育竞技人才为:"是指在体育竞技领域内,专门从事运动训练和参加体育竞技比赛的人才。"[①] 杨再淮(2002)认为,广义上的竞技体育后备人才涵盖面较宽泛,包括除运动员以外的与体育工作有关的其他各类人才。狭义上的竞技体育后备人才主要是指具有一定潜能的青少年运动员这一特殊群体。两者之间既有联系,又有区别。[②]

综合上述关于"竞技篮球""人才""后备"和"体育竞技人才"的定义解释,本书将"竞技篮球后备人才"定义为:指在身体、心理和运动能力上具有发展的潜力,正在接受科学、系统的篮球训练和参加有组织的篮球竞赛,在篮球项目上具有创造优异运动成绩可能性的青少年人才集合体。这与原国家体委对二线、三线运动员的界定基本吻合,二线包括体育运动学校、竞技体校等,还包含一些社会办或政府办的各类青少年业余体育俱乐部;三线包括普通业余体校、体育中学、重点业余体校;一般意义上,体育界内人士把二线、三线的青少年运动员作为竞技体育的后备人才。

三、 竞技篮球后备人才培养运行机制的概念界定

竞技篮球后备人才培养是一个系统工程,它由影响竞技篮球后备人才培养的、相互联系并相互作用的多种要素构成,各要素都有其特定的功能,并通过一定的链扣将其有机联结起来,使其按一定规律的要求运转,从而形成系统的综合效应和整体功能。结合上述几个概念的内涵界定和竞技篮球的本质特征,本书界定"竞技篮球后备人才培养运行机制"为:竞技篮球后备人才在有规律的培养过程中,影响培养活动的各构成要素的结构、功能及其相互联系,以及这些要素产生影响、发挥功能的作用过程和作用原理。

第二节 社会协同学理论与应用

协同作为一种思想、关系和方法贯穿于古今中外的文化发展史。在现代科学和现代社会中,"合作""互补""和谐"等已经成为一种重要的发展趋势。

大科学家爱因斯坦深深"感觉到自然界里和思维世界里显示出崇高庄严和不可思议的秩序。"他说:"如果不相信我们世界的内在和谐性,那就不会有任何科学。"[31] 孔德的社会静力学理论认为,为了社会和谐,需要国家和政府调节各方面利益,强调社会中各个等级的义务,各守其位,各司其职,实现社会"和谐原则",就可以达到理想状态。斯宾塞在他创立的"生物社会学"中指出,完善的社会需要高度的分工、合作与平衡。现代社会学中的结构功能主义也特别注目于整合

---

① 赵桂银. 体育人才学 [M]. 北京:人民体育出版社,1993:2.
② 杨再淮. 中国竞技体育后备人才培养模式的研究 [D]. 上海:上海体育学院,2002.

与平衡，其核心思想就是社会均衡论，追求社会系统的均衡与和谐。

在中国传统文化中也早就有协同及与之相关的思想，认为"和"是自然生化的规律。《易经》有"易有太极，是生两仪，两仪生四象，四象生八卦"，继而生成八八六十四卦，这是一种典型的从混沌走向自组织的协同过程。老子指出"道生一、一生二、二生三、三生万物"，最后形成万千世界，世界从混沌走向有序，就是自然协同的过程。杨雄的《太玄·玄数》中的"声律相协而八音生"，指出美妙的音乐来源于声音的协调。老庄、佛教、儒墨等均主张人与自然、人与社会、人与人、人与心身都要和谐。孔子在《中庸》中说："和也者，天下之大道也。"西汉大儒董仲舒也曾提出"道比归于和"的思想。

源于自然、社会的"先定和谐"（莱布尼茨语），协同作为一个学科而得以发展。协同学是 20 世纪 70 年代初联邦德国理论物理学家赫尔曼·哈肯（Hermann Haken）创立的一门可以广泛应用的现代横断科学。协同学即"协调合作之学"，是研究协同系统从无序到有序的演化规律的新兴综合性学科。协同学的目的是建立一种用统一的观点去处理复杂系统的概念和方法。它的中心议题是，探索存在于支配生物界和非生物界及一般系统的宏观尺度上的结构、功能的自组织形成过程的某些普遍原理。这些由性质完全不同的大量子系统（诸如光子、生物、器官、人及各种社会系统）所构成的种种复杂系统，通过合作，按照一些普适规律产生空间、时间或功能结构。这是一种相变的统一性，结构形成过程及其规律的统一性。它深刻地揭示了系统从无序向有序转化的结构和过程的一般法则。协同学的特点在于它基于现代数理科学，如概率论、信息论、随机论、动力论、统计学、热力学等，是一种可以定量描述的系统理论。从一般的方法论来说，协同学处理问题的方法是一种综合的方法，它主要从总体上把握对象，重点研究系统中各部分间如何以协调一致的合作来产生整体的结构，可把协同学看作是处理复杂系统的一种策略。协同学提出了三个基本原理：不稳定原理、序参量原理和役使原理。不稳定原理在新旧结构转换中起重要的媒介作用，由此产生序参量，序参量又导致役使原理。协同学广泛深入地研究了各种无序和有序间的转化现象，发现不仅平衡和非平衡相变间存在某些类似的性质，而且这种类似性在自然科学和社会科学中具有普遍意义。

社会协同学是我国学者曾健、张一方两位教授在吸收了协同学的精华后创立的理论。提出了三个全新的基本范畴：目标关联维度、自组织有序度和序参量与模变换度。"目标关联维度"是进行社会协同实践的指南；"自组织有序度"是衡量社会协同实践的效率标度；"序参量和模变换度"是进行社会协同实践的目标集成。指出未来社会发展的主模和序参量是由外部选择和内部演化定理决定的。社会协同学为我们认识复杂世界提供了新的世界观和方法论，使我们认识到，只有协同才能协调一致。只有协同，人类才能生存。社会协同学研究的对象是一个远离平衡系统的开放社会系统在与外界有物质或者能量交换的情况下，如何通过自己内部的协同作用，自发地出现时间、空间和功能上的有序结构。社会协同学的目标是在千差万别的社会科学领域中确定系统自组织赖以进行的自然规律。[①]

竞技篮球后备人才培养是多个因素综合作用的系统工程,并且,整个培养系统表现出多因素作用的非线性特征、人才培养的不可还原性特征及自组织性等特征。要落实"全面、和谐、可持续"的科学发展观,努力构建社会主义和谐社会,促使竞技篮球后备人才全面发展,必然需要竞技篮球后备人才培养系统内各要素相互协同,同时,也需要培养系统与外部社会环境相互协同。因此,要求我们要以协同的思想来思考竞技篮球后备人才培养中的一系列问题。在面临复杂经济、政治、文化、社会系统的时候,不仅探究竞技篮球后备人才培养的基本规律,而且更主要的是去发现中国篮球后备人才培养结构赖以形成的普遍规律。而结构的形成是以普遍使用的规律为基础的。社会协同学就是找出这一规律并运用的重要学术理论,可以运用这一理论视域来寻找竞技篮球后备人才培养的一般规律,形成一套适用于新时期竞技篮球后备人才培养的运行机制,为今后的培养工作提供借鉴。

第三节 人的全面发展理论与应用

在马克思主义理论中,人的全面发展思想占据着核心地位,是马克思主义追求的根本价值目标。马克思在哲学意义上赋予人的全面发展的涵义为:以实践作为个人对象化活动的基本方式,以新型社会的所有制关系、个人的社会关系、个人的观念关系及现实关系全面性为个人全面发展含义的质的特征,达到人与自身、人与社会、人作为手段与目的的统一。马克思主义认为,人的全面发展不仅仅是指体脑劳动的结合和技术多面手的培养,还包括了感情意志、审美、社会关系等多个领域和多个层面。[②] 从人的全面而自由发展的认识论角度来说,人就是在追寻全面而自由发展的过程中获得生命的超越和心灵的安顿。从人的全面而自由发展的价值论角度来说,人的价值就在于追寻生命的自由本质、生命的美好未来以及生命的崇高境界。在马克思主义发展理论中,认为社会发展是经济增长基础上的全面进步,发展必须保持人与自然、社会的和谐相处。早在《共产党宣言》中,未来社会是人的全面而自由发展的社会命题就被提了出来。马克思和恩格斯认为,"我们的出发点是从事实际活动的人"。他们甚至把唯物史观这一门科学概括为"关于现实的人及其历史发展的科学"。[③] 以人为本,实现人的全面发展,是马克思主义创始人关于共产主义社会本质特征的最高概括,是马克思主义关于建设社会主义新社会的本质要求。马克思人的全面发展学说是一个具有丰富内涵和深远意蕴的理论体系,系统而科学地理解这一重要思想的内涵,对于正确认识和推动竞技篮球后备人才培养具有重要意义。

---

① 夏晓婷. 协同学理论视域下的大型活动组织研究 [D]. 上海:上海交通大学,2013.05.
② 顾相伟. 马克思人的全面发展思想的当代价值 [D]. 上海:上海师范大学,2010.3.
③ 《马克思恩格斯全集》第 2 卷,P167.

中共十八大报告提出，要建设社会主义市场经济、社会主义民主政治、社会主义先进文化、社会主义和谐社会、社会主义生态文明，促进人的全面发展，逐步实现全体人民共同富裕，建设富强、民主、文明和谐的社会主义现代化国家，促进人的全面发展这一科学命题，既是中国共产党人在长期的中国革命、建设和改革的历史实践中对马克思主义创始人有关社会发展进步与人的全面发展理论的继承和创新，也是在新的历史条件下，中国人民在党的领导下努力逐步实现的一个宏伟目标，是基于科学发展观的要求提出的一个重要思想，意义重大，影响深远。事实上，人的全面发展既是社会发展的出发点，又是社会发展的落脚点。人的全面发展的水平制约着社会的发展；社会发展的根本目的在于实现人的全面发展。因此，人的全面发展不仅是马克思主义的本原要义，也是社会主义的本质要求。我们建设中国特色社会主义的各项事业，我们进行的一切工作，既要着眼于人民现实的物质文化需要，同时也要着眼于人民素质的提高，也就是要努力促进人的全面发展。[①]

近代资本主义社会发展的一个重要教训就是经济和社会物质财富的增长是以牺牲个人的全面发展为代价，人仅仅成为创造物质财富的手段，成为资本、财富、金钱的奴隶。[②] 所以，阿马蒂亚·森（1998年诺贝尔经济学奖得主）坚持"以自由看待发展"。这些关于发展的命题和思想构成了"以人为本""全面、协调、可持续"的科学发展观的理论基础。科学发展观创造性地运用了马克思主义理论"在动态平衡中"产生矛盾解决矛盾的思想方法，是在人文精神指导下对科学本身反思的成果。科学发展观为我们解决了发展是"为了谁"、发展要"依靠谁"的原则问题。

闪耀着马克思主义理论光辉的科学发展观是推进我国改革开放和社会主义现代化建设必须长期坚持的指导思想，必须把它贯彻到改革的各项事业中去。因此，本文在探讨竞技篮球后备人才培养问题时，始终坚持以下两个原则：

（1）满足青少年全面而又自由发展的需要是人才培养的根本目的。参与竞技篮球后备人才培养的个人、组织、政府部门都是以追求青少年运动员既掌握扎实的篮球专项竞技能力并拥有良好的发展潜力，又在心智、学识、品德等方面协调发展为目的的。作此思考是基于：一方面，人的全面发展是一切社会活动的终极目的，对青少年进行有目的的教育与培养，应该创设一个"合乎人性的环境"，丰富和发展运动员的个性与能力，促使其全面发展；另一方面，强调全面发展并没有忽视竞技篮球专项培养活动的特殊使命，提高竞技篮球专项竞技能力始终应该成为后备人才培养的直接目的。直接目的与根本目的在本质上不应该是完全冲突的。这样认识只是为了分析问题的方便和突出论题的主旨，力图站在人、社会和谐发展的高度来审视培养活动的"为人性"。

（2）"人本原则"是管理竞技篮球后备人才培养活动的伦理要求。管理是人的

---

① 汤建. 中国共产党关于人的全面发展思想之历史考察 [D]. 扬州：扬州大学，2013.6.
② 王伟光. 关于科学发展观的哲学依据 [J]. 理论前沿，2004（2）：5-7

活动，人性假设是管理认识活动和管理实践活动的理论前提。在西方管理思想史上，人性假设经历了"经济人""社会人""自我实现的人"和"复杂人"等对于人性看法的发展历程。相应地，从人的视角可将西方管理学分为"工具人"的前管理学阶段，"经济人"的早期管理学阶段，"以人为本"的现代管理学建构阶段。在现代管理理论中，伦理的管理价值越来越被人们所重视。人本理念就是管理的伦理价值体现，是管理伦理学的核心范畴，也是现代管理活动进一步提高效能的指导思想。对竞技篮球后备人才培养活动的管理是以服务于人为根本目的的，以促进人性的完善发展为核心的。过去，在管理中基于"工具人"抑或"经济人"的假设而没有把管理的人为性和为人性完整地统一起来，管理过分倚仗政府、组织设计的刚性制度、规范，将人置于组织体制之下，完全由组织规范控制人的一切言行，见机构不见人。而在构建和谐社会的进程中，竞技篮球后备人才培养应该坚持"人本原则"，即尊重人、重视人的价值和尊严，尊重人、重视人的需要和利益，并要创造条件促进人的需要的生成，要把人的全面发展作为管理的根本目标。

第四章　竞技篮球后备人才培养的内涵与发展趋势

第一节　竞技篮球后备人才培养的内涵

人是社会的中心和主体，社会发展至关重要的是人的发展。竞技篮球运动发展的主体无疑就是各类人才，其中，运动员显然是最为紧要的。现今，世界竞技体育的竞争在很大程度上体现为后备人才的竞争，虽然包含着科学、经济、政治、文化的竞争，但都需要通过运动员来体现，凸显了后备人才培养的重要作用和战略意义。而成为一名优秀的篮球运动员需要一个艰辛、漫长和富有成效的学习过程，即需要培养。

"培养"一词在《辞海》中的释义是"引申为教育、造就人才"。在《新华词典》中的释义是"①教育、锻炼；②使繁殖。"[①] 在《现代汉语词典》中的释义是"①以适宜的条件使繁殖；②按照一定的目的长期地教育和训练。"[②] 在几种释义中，培养活动可被理解成一种教育活动，而教育是"一种有目的的、有组织的、长久性的，以传授、诱导或获取知识、观点、价值和技能的社会活动"。所以，竞技篮球后备人才的培养至少包括以下几层含义：

（1）人才培养是一种有目的的社会活动。"目的"含有"方向"的意味，表现普遍的、总体的、终极的价值，目的一旦确立就引导着社会活动的整个过程。在不同的历史阶段和不同的组织形式中，目的可具体表述为不同的目标。马克思主义哲学观认为社会活动的最终目的是人的全面而自由的发展。我们进行篮球后备人才培养，也主要是想通过篮球训练、竞赛，使青少年获得一定的篮球技能和继续提高的潜力，并促进青少年全面发展。

（2）人才培养是一种有组织的社会活动。培养活动是有目的的，而目的不是一蹴而就的，为保证培养目的的实现，需要通过一系列有组织、有计划的活动来完成，需要培养的主体和客体在一定的环境条件下围绕培养目的进行有组织的活动。

（3）人才培养是一个长期的活动过程。从个体角度看，一个人知识、技能的传授及习得需要时间，竞技篮球人才的培养也不能例外。在培养过程中，首先，要遵循人体正常的生长发育规律，在不同的生理阶段施以适宜载荷的训练内容，循序渐进。其次，要遵循运动技能学习规律，从基本的身体素质、技战术抓起，一个阶段接一个阶段地螺旋上升。认识到人才培养的长期性，有助于我们杜绝"拔苗助长"、早期专项化、运动伤病等不当行为，有利于青少年篮球人才的正常成长。另

---

① 《新华词典》，商务印书馆. 1980：632
② 《现代汉语词典》，商务印书馆. 1986：859

外，从整体角度看，为保持篮球运动的可持续发展，也需要长期地进行后备人才培养。

（4）成材率通常被用来考核培养的绩效。对人才培养活动进行管理，成材率是衡量培养绩效的重要指标。所谓运动训练成材率，最一般的理解是指初级训练单位向上一级训练部门输送的运动员数量与该队运动员之间的比率关系。成材率高，可以作为评定训练方法的先进性、管理绩效的突出性的重要标志。[①] 笔者认为，这种理解主要是从竞技体育的视角来看问题，只能是具有片面的合理性。如果换个角度，从一个事物或活动是否有利于社会发展和人的全面发展的高度来考察培养活动的绩效，也许更符合现代人才观。试想一下，一个在中级训练形式中接受过系统的篮球训练而未能进入国家队或一线队，退役后却能胜任基层篮球训练、教学、管理等工作，这是否可以算是成材了呢？我们不能否认用运动训练成材率来考评人才培养绩效的直观性、有效性，但我们也应该从更宽的视角来综合考察，这样做也许更能体现考核指标的客观性和公正性。

第二节　中国竞技篮球后备人才培养的发展趋势

前面，我们静态分析、揭示了竞技篮球后备人才培养的本质性问题。下面从过程的角度，探寻竞技篮球后备人才培养活动发展的脉络和趋势。

一、人才在培养活动中的自主性增强

人才的自主性其基本要义就是，人才能独立思考和行动，由被动到主动，成为培养活动的主体，成为自己从事训练、竞赛、学习的管理者、监督者和决策者。下面从三个方面进行论述。

首先，人才成为培养活动的主体，不再是为实现竞技夺标的手段和工具。自主权利是社会赋予人的基本权利，不能为社会、政治目的而以泯灭青少年个性全面发展为代价。青少年应是自主地从事篮球训练、竞赛，自觉地为自己的利益和社会整体利益进行活动，把训练和竞赛作为解放和发展个人自主性的手段，作为实现、确证和发展自己本质力量的现实途径。在传统竞技篮球后备人才培养中，人的发展、人的才能总和（积极性、创造性和自主性）[②]的发挥是不充分甚或是片面的。这一方面是由于社会生产力发展水平不高，还没有达到发展丰富个性所需要的物质基础和社会条件；另一方面是束缚青少年自主权利的旧体制的存在。由于历史的原因，因专制主义、人身依附、权力崇拜等影响而形成的高度集权的计划经济体制，及在此基础上建立的我国运动训练管理体制，严重地束缚着人才培养过程中青少年自主权利的发挥，运动员无条件地就范于国家、社会给定的角色，国家制定了一个无所

---

① 刘兵. 新编体育管理学教程 [M]. 上海：复旦大学出版社，2004：214.
② 徐伟新. 社会主义社会发展动力论 [M]. 北京：中国社会科学出版社，1993：52.

不包的计划，使培养工作单色化、军事化，只有买方市场，没有卖方市场。这种重点在于"选拔人"的体制使青少年运动员习惯于接受和模仿，其对训练的热情乃至对生活的热爱和创造冲动受到严重挤压。随着对体育本性和灵魂认识的加深，运动训练应该从功利性的"选拔人"回归到"培养人"的真正本意上来。

其次，人的个体利益和全面发展的需要是人才培养的根本目的。在一定历史时期，我们进行竞技篮球后备人才培养是以输送优秀人才、竞技夺标为惟一目标的，这样的优秀人才，其优秀的实质是指竞技能力的超群，而不是综合能力的出类拔萃。青少年运动员只是作为一个部件参与竞技篮球运动，去满足国家的政治需要，输送优秀后备人才成为培养的直接目的和动机。其历史的合理性我们不能否认。但是，在马克思主义者构建的理想人类社会中，一切活动应该服务于满足全体社会成员发展的合理需要，在这个意义上理解人才培养，应该认识到为国争光、追求国家与集体利益只是培养工作的直接目的，个体利益和发展的需要才是培养的根本目的。由于个人利益、集体利益与国家利益在根本方向上的一致性，直接目的与最终目的之间的协调和总体上的一致是可能实现的。因此，以青少年运动员的全面发展为目标，以青少年运动员为培养活动的主体，应该成为我国在社会转型过程中和转型后竞技篮球后备人才培养的根本标志，同时成为培养活动的鲜明特征。

再次，以人为本是构建和谐社会的时代规定。这里的人不仅是指生物学意义上的生命存在，还包括哲学和社会学意义上的人，即具有个性的人。在马克思看来，个人应向完整个人发展，即由片面个性向丰富个性发展。过去，我们在竞技篮球后备人才培养中把片面的竞技能力提高作为目标，没有充分考虑到青少年身心发展尚未成熟的需要，培养存在盲目性。当前，我国各项改革正处于关键时期，要实现全面建设小康社会的奋斗目标，必须认真落实以人为本，树立全面、协调、可持续的科学发展观，这也是实现国家富强、民族复兴、人民幸福的中国梦的时代要求。坚持以人为本，就是要以实现人的全面发展为目标，从人民群众的根本利益出发谋发展、促发展，统筹人与自然、社会的和谐发展。这些精神理应成为我们进行竞技篮球后备人才培养的指导思想，并内化为培养行为的伦理规范。促进人的全面而自由发展还是实现"中国梦"的"价值特征"。《共产党宣言》指出，共产党人的最终目标是建立"每个人的自由发展是一切人自由发展的条件"的"联合体"。"中国梦"具有多个维度，而其价值维度就是要实现人的全面发展。党的十八大明确把"促进人的全面发展"纳入中国特色社会主义道路的内涵之中，并且强调，"不断在实现发展成果由人民共享、促进人的全面发展上取得新成效。"这标志着中国特色社会主义把实现人的自由全面发展作为终极价值追求，必将极大提升"中国梦"的吸引力、凝聚力和感召力。

二、培养主体的重心下移

随着社会的发展，国家政治意志的淡化，竞技篮球后备人才培养活动中人文关怀的增加，青少年成为培养活动的主体地位将愈发彰显。这一发展过程，概括来说，表现为培养主体的重心下移。

在我国，竞技篮球后备人才培养的主体，是一个包含三个层次的矛盾系统：国家、集体和个人。在不同的历史时期，某一个主体会居于矛盾的主要方面，成为有决定意义的力量。从国内外竞技体育及竞技篮球发展的实践来看，竞技篮球后备人才的培养也必然经历重心下移的三个发展阶段：以国家为主体→以集体为主体→以个人为主体。从更大的视野来看，这也符合马克思主义经典作家关于社会主义社会经济活动发展的基本思想和当代转型社会发展的实践。

国家作为竞技篮球后备人才培养的主体，是基于我国社会主义国家所有制之上的人才培养的初始形态。其主要表征为：①国家是全部培养活动的组织者和领导者，国家通过体育主管部门对竞技篮球后备人才培养进行自上而下的垂直式管理，所有权与管理权高度集中于国家；②指定性计划是指导全部后备人才培养活动的行政性工具。国家控制着所有资源的分配权，培养规模与数量都由国家决策计划；③培养费用几乎全部由国家财政负担；④人才招收、输送、退役及就业安置等由国家统一计划、安排和调节。

国家成为竞技篮球后备人才培养的实际主体，是历史条件下，人们唯一合理和必然的选择。建国初期，由于国民经济发展刚刚起步，人们从事体育运动的意识淡薄，竞技体育及竞技篮球基础差、水平低。要完成竞技体育及竞技篮球迅速走上世界赛场、缩小与世界强队的差距这样艰巨的政治任务，如果不是将全社会非常有限之人力、财力、物力组织起来集中使用，重点发展竞技体育，在篮球领域则折射为重点发展竞技篮球，完成任务将是不可企及的。在当时的社会实情下，能担当起这一任务的非国家莫属。再则，当时社会结构简单，社会分工不细，为国家作为中央计划者、所有者和竞技体育总设计管理者，直接干预和控制整个竞技体育及竞技篮球运行，直接支配与调节后备人才培养行为，提供了可能。必然性和可能性的客观存在，决定了国家作为竞技篮球后备人才培养主体的合理性。如果看不到这种必然性而否定国家主体的历史地位，是不足取的。

然而，转瞬即逝是一切事物在历史长河中发展的特征。当社会生产力发展起来，社会关系日益复杂，人的主体性逐渐增强时，国家作为培养竞技篮球后备人才的主体就显露出诸多问题，有些还是极其紧迫和严重的问题。这种障碍作用的关键之处，在于国家对本应属于后备人才培养集体与个人的自主权利的占有，集体与个人把自主权利让渡给国家，各级后备人才培养集体无所得无所失，个体只是自在的主人而不是自为的主人。这种国家占有削弱了集体与个人的主体地位，限制了集体与个人的积极性和创造性，妨碍了人才培养的良性发展。

过去，一方面由于计划经济体制的运行，另一方面由于国家强调竞技体育优先发展，国家包办了竞技篮球从后备人才培养到高水平竞赛等所有事务。在实践中，由于管得过多、过严，国家在竞技篮球发展的一些管理环节上已表现出局部的"失灵"。而在市场经济体制下，要求政府职能由公共行政向公共管理转变，大众体育与竞技体育协调发展。因此，在社会转型这一特定历史时期，如何建立政府与市场责任分担的后备人才培养运行机制,如向基层协会授权、向社区分权、部分培养单位民营化、政府与私人部门合作、利用第三部门力量培养人才等,把竞技篮球后备人才培养主体的重心由国家向集体形态下移,是中国竞技篮球后备人才培养体制改革面临的紧迫任务。令人欣喜的是篮球运动管理中心自成立以来,在这些方面进行了改革,有了一些成效。下一步就是如何进一步深化改革,使各培养组织主体地位更加明确,经济活动的产权更加明晰,利益诉求更通达。

马克思曾预见,国有化要过渡到社会化,在企业-集体充分行使其经济活动主体的功能之后,当社会生产力高度发达,足以提供每个劳动者自主活动的必要技术手段,劳动者的主体性、科学文化技术知识、人的全面本质力量高度发展时,经济活动主体重心将再次下移,即劳动主体化过程将进入第三个阶段——全面发展的个人、主体化的劳动者成为社会经济活动的主体,人民真正成为社会和自身的主人。体育是伴随着社会的发展而发展的,所以,我们有理由预言,当社会发展到这种高级形态——"重新建立个人所有制"[1],青少年也将真正成为竞技篮球人才培养活动的主体,训练和竞赛真正成为"有意识的生命活动"[2],"不仅仅是谋生的手段,而且本身成了生活的第一需要"[3] 的活动。

---

[1] 《马克思恩格斯全集》第 23 卷,P832.
[2] 《马克思恩格斯全集》第 42 卷,P96.
[3] 《马克思恩格斯全集》第 3 卷,P12.

第五章 中国竞技篮球后备人才培养体制的演进与现状

第一节 中国竞技篮球后备人才培养体制的演进

一、中国竞技篮球后备人才培养体制的形成

篮球运动自传入中国始，就是发展非常迅速、开展非常普及、竞技水平相对较高的一个集体项目。1951年组建的第一代国家篮球队是新中国最早成立的国家队之一，1953年以后成立的其他国家队都是参照国家篮球队的形式组建的。在二十世纪五六十年代与世界其他社会主义国家的友好交往中，篮球比赛都是作为重要的交往形式而进行，为增进国际友谊、提高国际形象、增加民族自信心和凝聚力发挥了重要作用。在"普及与提高相结合"方针指引下，为提高国家篮球队的竞技水平，适应国际交往的需要，政府主管部门在20世纪50年代初建立了篮球管理机构，成立了中央竞技指导科篮球班（实为国家级篮球集训队），在解放军和各大行政区也相继建立了高水平的篮球队，并制定与健全了各项培养篮球人才和普及、提高篮球运动水平的规划、章程和制度。为从根本上解决我国篮球运动员的后备力量和运动队伍的衔接交替，根据国外从儿童少年开始培养运动员的经验，1955年，国家体委在北京、上海、天津首次试办了3所少年业余体育学校，并开设少年篮球项目，为我国现代篮球运动培养全面发展、品质优良的优秀后备人才开始了青少年业余体校的试办和篮球业余训练的尝试。同时，随着学校体育工作的发展，在教育系统的广大中小学、大学也组建了许多篮球队，进行业余篮球训练。这样，以市、县业余体校和中小学篮球队为基础，以省、自治区、（直辖）市和解放军及各行业专业篮球队为中层，以国家篮球队（体训队）为龙头的篮球训练体制雏形初现。

在随后的发展历程中，国家体委出台了一系列保障青少年业余训练的规章和条例，1964年颁发了《青少年业余体育学校试行工作条例（草案）》，进一步规范了业余体校办学的各项工作，明确办学的主要目的就是要源源不断地培养一些优秀运动员，向专业队输送。各省、市、地区的业余体校办学规模不断扩大，业余篮球训练也得以更广泛地普及，各级业余体校的篮球队伍数量发展迅速，一些地方城市也把篮球作为传统优势项目大力普及、推广。各省、自治区、（直辖）市和解放军及各行业体协在完善一线队伍建制的同时也加强了二线、三线队伍的建设。国家队选拔、训练和竞赛制度也更趋规范化，成立了国家青年男女篮球队，定期集训。这样，随着制度的完善、管理机构的健全、参加业余篮球训练队伍的扩大，一个从基层单位业余体校、篮球传统项目学校，到重点业余体校、中心业余体校和专业篮球队，有广泛的普及面、层层衔接的三级人才培养网络体系得以形成。

二、 中国竞技篮球后备人才培养体制的改革

在计划经济体制下建立的竞技篮球后备人才培养体制为普及篮球运动和提高我国篮球竞技水平起到了极其重要的作用。进入20世纪90年代以后，国际篮球运动职业化、商业化发展迅速，竞技水平提高很快，美、欧强队实力逐步向总的发展趋势靠拢。而我国优秀运动队的竞技水平与世界强队差距比较明显，进步很缓慢。在国内，社会转型加快，经济体制改革向纵深发展，市场经济体制的建立要求各行各业建立与之相适应的新体制。国际篮球运动的发展和国内社会环境的变化既给中国篮球运动带来了良好的发展机遇，同时也使中国篮球面临严峻的考验和挑战。

为挣脱计划经济体制时期形成的传统观念和原有管理体制、运行机制的束缚，在新形势下恢复和完善原有培养篮球后备人才网络，缩短与世界篮球强国的差距，解决高水平运动队后继乏人，整体提高青少年篮球竞技水平，建立适应市场经济体制的后备人才培养新体制，中国篮球事业也必然进入改革发展的新时期。1997年成立了事业型的篮球运动管理中心，强化中国篮球协会的社会团体的群众性指导职能，并重新制定了从上而下的篮球竞赛体制、训练体制以及培养竞技后备人才的网络性、长期性规划和计划，还相应采取了建立各种运行、管理机制的一系列举措。[①] 具体涉及竞技后备人才培养的改革举措有：

（1）管理由行政命令式向制度化、规范化转变。相继出台了《全国青少年篮球竞赛管理办法》《全国青少年篮球竞赛办法》《全国青少年篮球（业余）俱乐部管理办法》《全国青少年篮球训练单位和青少年篮球运动员、教练员注册管理办法》《全国篮球业余锻炼等级标准实施办法》等法规文件。配合教育部门的体育管理机构也出台了一些关于传统项目学校、大学试办高水平运动队的法规条例。这些规制的出台有力地推动了青少年篮球运动和社会性篮球活动的发展，明显加强了篮球后备人才的培养工作。

（2）改革赛制，增加青少年比赛数量。体育和教育系统规范的篮球竞赛迅速发展，每年正常举办全国少年甲组、全国少年乙组、全国篮球城市青少年、全国青少年篮球业余俱乐部、全国传统项目学校、"苗苗杯"全国小学生小篮球共六个级别、十四个赛区的篮球竞赛。每年各省、市体育与教育系统也举办一些青少年篮球比赛；还有社会办的青少年赛事，如NIKE高中篮球联赛、青少年三人篮球赛等形式多样的比赛。大学生篮协于1998年推出CUBA联赛，2004年中国大学生超级联赛又新鲜出炉。丰富的各级、各类比赛对提高青少年篮球竞技水平、普及篮球运动发挥了积极的作用。

（3）建设、恢复篮球人才培养网络体系，拓宽后备人才培养渠道。由于一段时期没有树立从青少年抓起是成为篮球强国的必由之路的观念，没有真正懂得篮球人才培养的本质规律，从而使人才资源没有充分挖掘和利用。为恢复和完善原有三

---

① 孙民治. 篮球运动高级教程[M]. 北京：人民体育出版社，2000：25.

级训练网络体系，篮球运动管理中心在20世纪90年代末先后建立了5所篮球学校、27个青少年篮球训练重点基地，确立了15座篮球城市；在广大中小学、大学普及篮球运动；倡导"小篮板工程"；整合社会和地方资源，兴办多种形式的篮球学校、篮球俱乐部、夏（冬）令营等。扩大篮球后备人才的培养面，探索新的篮球后备人才培养网络体系。

（4）加强青少年培养工作的管理，提高培养过程的科学化程度。根据发展的需要，重新修订《全国青少年儿童篮球教学训练大纲》，严格执行训练内容和考核标准，努力提高训练质量。注重选材、育才的科学性，避免训练过早"专项化"。在"金字塔"形培养模式的基础上，建立多支国家青年队和希望队（特体队），探索"大厦型"后备人才培养模式，提高人才培养的集约化水平。

（5）注重青少年篮球后备人才的教育获得，积极提倡、践行"体教结合"。在构建"和谐社会"的理念指引下，为落实"以人为本，全面、协调、可持续"的科学发展观，考虑到运动员后职业地位的获得，在狠抓青少年篮球训练质量的同时，调整价值取向、修正培养目标定位，积极摸索如何培养全面发展的新型后备人才。如与高校联合，允许青年队队员双注册，运动员"在籍、在读、在训"，推出"大超"就是一个培养学生运动员的新举措。

第二节 中国竞技篮球后备人才培养现状概述

一、青少年竞技篮球历史成绩回顾

我国青年男、女篮球队参加世界青年锦标赛以来，男队最好成绩为第七名，成绩不尽如人意；女队成绩好于男队，2005年在第六届世界青年女子篮球锦标赛上取得历史性的突破，获得铜牌，见表5-1、表5-2。

表5-1 我国青年男子篮球队参加世界青年锦标赛成绩一览表

届次	时间（年）	名次
U19第二届	1983	第十一名
U19第三届	1987	第九名
U19第四届	1991	第十名
U19第五届	1995	第九名
U19第六届	1999	第十五名
U19第七届	2003	第十四名
U21第二届	1997	第十二名
U21第三届	2005	第十一名
U19第八届	2007	第十二名
U17第一届	2010	第七名
U19第十届	2011	第十三名
U17第二届	2012	第七名
U19第十一届	2013	第七名

表 5-2 我国青年女子篮球队参加世界青年锦标赛成绩一览表

届次	时间（年）	名次
第一届	1985	第四名
第二届	1989	第九名
第三届	1993	第十一名
第四届	1997	第七名
第五届	2001	第九名
第六届	2005	第三名
U19 第一届	2007	第十一名
U17 第一届	2010	第三名
U19 第二届	2009	第十一名
U19 第三届	2011	第九名
U19 第四届	2013	第五名

我国青年男、女篮球队自 1977 年参加亚洲青年篮球锦标赛始，成绩优异，一直保持在三甲之列，其中青年女子篮球成绩优于青年男子篮球成绩。见表 5-3、表 5-4。

表 5-3 我国青年男子篮球队参加亚洲锦标赛成绩一览表

届次	时间（年）	名次
第四届	1977	第二名
第五届	1978	第二名
第六届	1980	第一名
第七届	1982	第二名
第八届	1984	第二名
第九届	1986	第一名
第十届	1989	第一名
第十一届	1990	第三名
第十二届	1992	第一名
第十三届	1995	第二名
第十四届	1996	第一名
第十五届	1998	第一名
第十六届	2000	第二名
第十七届	2002	第一名
U20	2004	第二名
U18	2004	第三名
U18	2006	第一名
U16	2009	第一名
U18	2010	第一名
U18	2012	第一名

表 5-4 我国青年女子篮球队参加亚洲锦标赛成绩一览表

届次	时间（年）	名次
第四届	1977	第二名
第五届	1978	第一名
第六届	1980	第二名
第七届	1982	第一名
第八届	1984	第一名
第九届	1986	第一名
第十届	1989	第一名
第十一届	1990	第三名
第十二届	1992	第二名
第十三届	1996	第一名
第十四届	1998	第一名
第十五届	2000	第一名
U20	2002	第一名
U18	2002	第一名
U18	2004	第一名
U18	2006	第一名
U18	2008	第二名
U18	2010	第一名
U18	2012	第一名

我国中学生男、女篮球队参加世界中学生篮球比赛成绩较为优异。女队曾在 1981 年、1983 年和 1985 年三度获得第一名，2006 年获第六名，2007 年获第七名，2011 年代表中国参赛的辛集一中又一次斩获冠军。男队成绩有起伏，1997 年获得第五名，2001 年获得第八名，2005 获得第三名，2011 年代表中国参赛的清华附中获得了冠军。男队还曾在亚洲中学生篮球锦标赛上五次夺冠。

由于历史原因，我国大学竞技篮球运动水平不高，在 2005 年之前，基本是以国家男、女篮球队或国家青年队组成中国大学生篮球队参加世界大学生运动会。直到 2005 年，才由教育部负责组队，派出真正由在籍大学生组成的男、女篮球队参加世界大学生运动会，男队获得第十四名，女队获得第十三名；此后几届成绩略有进步，2010 年青海师大女篮曾勇夺第 31 届世界大学生篮球赛冠军。

从整体上看，我国各级青少年篮球代表队在世界和亚洲赛场上的成绩基本令人满意。在亚洲，一直保持在第一集团；在世界赛场上，基本保持在第二集团。这与国家男、女篮球队在世界竞技篮球格局中所处地位基本吻合，也在一定程度上反映了我国篮球运动竞技水平的发展现状。

二、中国竞技篮球后备人才培养的现状

（一）竞技篮球后备人才来源途径

竞技篮球后备人才培养是一个系统工程，为了分析后备人才来源途径的方便，我们按培养单位的行政事业属性把它又分为几个相互独立、相互联系和相互作用的次级子系统。在计划经济时期，原三级运动训练管理体制下，我国竞技篮球后备人才绝大部分是靠体育系统专业队培养这一途径向上输送人才。改革开放以来，随着我国社会结构的转型和经济体制的转轨，各个行业系统也发生了深刻的变化，竞技篮球后备人才的培养途径也由体育系统一家培养分为多途径培养，转型期竞技篮球后备人才培养的主要来源途径见图 5-1。

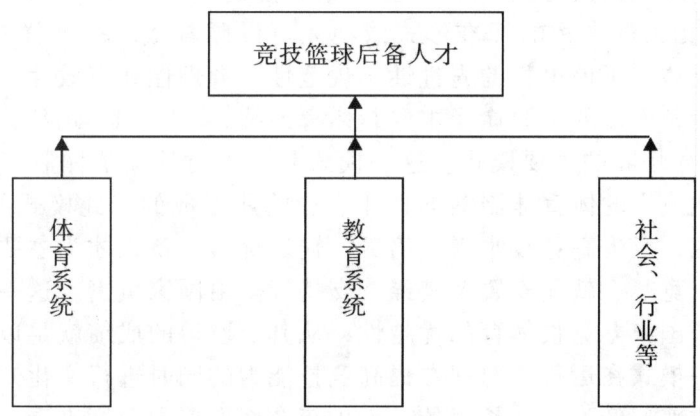

图 5-1 中国竞技篮球后备人才培养途径简要示意图

目前，我国竞技篮球后备人才培养的最主要途径还是通过体育系统。由于举国体制的影响，通过多年的发展、积累，体育系统在竞技篮球后备人才培养方面拥有其他系统无可比拟的优势，体系完整，运行较为稳定，人才质量仍然优于其他途径所培养的。在现役各级国字号篮球队及职业篮球俱乐部队伍中，在役队员也主要是由下一级体校、体工队及俱乐部后备队伍输送上来的。所以，在目前和以后的一段时期，通过专业队训练来培养后备人才仍然是我国培养高水平竞技篮球人才的主要途径。在三级训练网的中级阶段，体育系统的各级培养单位还将承担人才培养的主要任务。

在办大教育、培养复合人才等理念指导下的教育改革，使教育系统在竞技篮球后备人才培养系统中的地位越来越突出。由于教育改革与体育改革及其社会发展的需要，在教育系统内的大、中、小学，篮球运动开展得愈来愈普及，竞技水平较以前有了很大的提高，CUBA 十七年、CUBS 近十年的发展成绩就是很好的例证。

社会化途径培养成为竞技篮球后备人才来源的重要补充。这里界定的社会化途径主要是指不是国家行政事业性质的、不受国家财政支持的各类培养单位，如王非篮球学校、宋晓波篮球学校、孙军篮球学校、东莞新世纪篮球学校等。利用社会资源，不仅可以拓宽竞技篮球后备人才培养渠道，同时，还可降低国家投入，减轻国

家在经费、工作安置等方面的负担。如辽宁阜新篮球学校,先后为国家女篮培养输送了潘薇、陈晓莉、柏华、张珏、王颖等多名国手,在培养出岳鹏飞、刘欣然、贾楠、刘维伟等参加全国男篮甲A联赛球员的基础上,近几年来又输送到各省篮球俱乐部9名;省级以上专业队18名;大专院校78名;企事业、部队22名。2004年就曾向国少男篮、广东青年女篮、辽宁省体校各输送1人,向各大学输送特招运动员56人,特长生经高考走进大学的31人,还有私下被专业队挖走的,一年共计输送了近百名学生。王非篮球学校也培养了一批希望之星,如现效力于山东高速篮球俱乐部的睢冉、丁彦雨航等主力球员。随着社会经济的发展,借助社会力量培养竞技篮球后备人才势必成为不可缺少的重要途径。

(二)竞技篮球后备人才培养模式

1. 计划经济时期的竞技篮球后备人才培养模式

"模式"是指某种事物的标准形式或使人可以照着做的标准样式。① 在一定时期或一定程度上体现了该事物的先进性、规范性、合理性和有效性。原计划经济时期,竞技篮球后备人才的来源途径主要是体育系统,"专业运动队"或"优秀运动队"②是后备人才培养的主要模式。这一模式是由当时的经济体制、政治体制、社会形态及其因此决定的体育体制共同作用、影响所形成的。此模式的主要特点是:以运动训练为主,以提高竞技水平,培养、输送优秀后备人才为主要目标,运动员的生活、训练、竞赛、就业安置及其经费支持等全由国家负责。这一模式在计划经济时期体现出了国家办竞技体育的优越性,从其所取得的成绩就足以说明其时代的合理性。但这一模式在运行中忽视在提高竞技能力的同时进行文化知识学习,造成运动员文化素质普遍低下。从长远的、青少年全面发展的角度来看,从社会资源合理配置的角度来看,从社会发展公正的角度来看,该模式的不足之处在新时期暴露得越来越多。竞技篮球的时代发展需要产生更多、更新的人才培养模式。

2. 转型期竞技篮球后备人才培养模式

"转型期"的一个显著特点就是社会变动加快,各个系统、各个层面的事物之间的交互作用加强。原"举国体制"下的竞技篮球后备人才培养是在一个闭锁的系统内进行的,只是在体育系统内进行结构调整和资源配置,很少与外界交流。依耗散结构理论,孤立的系统不可能形成耗散结构,只有开放的系统才能形成耗散结构。孤立、不可逆系统过程的熵是不断升高的,到一定阈值将使系统趋于无序状态,系统只有不断地与外界发生能量、信息和物质的交换,引入负熵流,才能使系

---

① 《现代汉语词典》,商务印书馆,1986.
② 张林在其博士论文《职业体育俱乐部运行机制》中把原"举国体制"下的竞技体育人才培养模式概括为"专业运动队"模式。宋全征在其博士论文《中国竞技体育人才开发》中则把原计划经济时期的体育人才培养模式称为"优秀运动队"模式。两者都包括国家队,考虑到本研究对象的竞技水平,在文中采用"专业运动队"描述这一培养模式。

统保持动态的稳定。① 另外，全球化视野中的各国改革，以及我国以市场经济为原生点的各个领域的改革，都要求体育系统打开闭锁之门，与外界进行广泛的交流、合作。一方面，从竞技篮球后备人才培养的现实情况来看，单靠体育系统已不可能全力担此大任，培养竞技篮球后备人才已成为体育系统不堪承受之重。另一方面，从社会发展、青年发展和儿童发展的角度来看，培养竞技篮球后备人才也不应是体育系统一家之事，要使人才素质全面发展，体育系统的资源显然是不够的。

为了弥补和完善专业运动队培养模式的不足，在"转型期"，体育、教育系统和社会各系统间就培养后备人才进行了多方位的交互作用，并产生了多种性质的后备人才培养模式：

（1）"职业化"模式。随着篮球职业化改革的深入，为保障职业联赛稳定、持续发展，夯实联赛基础，篮管中心明确要求各俱乐部必须配备青年队，由此促成了一种新的后备人才培养模式——"职业化"模式的生成。目前，各职业俱乐部基本都已组建青年队，每年举行俱乐部青年联赛，参赛队伍基本稳定在16支左右。一些省市体育局与职业俱乐部进行纵向或横向的合作，把省市青年队或二、三线队伍注册为俱乐部的青年队或二、三线队，由两家共管或由俱乐部出资、管理。

由于该模式承袭了原专业运动队在训练、竞赛方面的管理方式，又加入了职业化的一些新元素，如签约获取薪酬、成为职业运动员的激励诱因、优胜劣汰的竞争机制等；还有现行俱乐部拥有资本优势、教练员优势、管理便捷、市场竞争有利等优势，使得在该模式中训练的运动员比省市青少年专业运动队、高校高水平运动队的运动员能更好、更快地提高竞技能力，现实竞技能力相对较高。如在2008年北京奥运会国家男女篮后备队员30人大名单中，男队队员全是来自俱乐部注册队员，女队只有一人来自河北省体育局篮排球运动管理中心。但该模式也暴露出一些问题。①此模式脱胎于体育系统的专业运动队模式，在一定程度上可以说仅仅是形式置换而不全是内容置换，同样地存在只重视训练不抓文化学习，忽视思想品德教育的老问题；②由于许多俱乐部的二、三线队是与体育局合作联办的，联办形式的多样化以及多头管理，导致在训练、竞赛、人才流动、学习安排等方面的不协调。原因可能在于：①职业俱乐部是一个市场主体，它是以"经济人"②行为在市场进行博弈的，首要目标是追求自身利益的最大化，而为中国竞技篮球水平的提高做贡献这一公益事业目标则不是俱乐部关注的重点。②后备人才培养具有过程的长期性、效益体现的潜在性、资本投入见效慢等特点，而目前我国许多职业篮球俱乐部由于主体地位不明确、产权归属不清等问题，导致俱乐部并没有人才培养长远发展规划，多注重短期效益，重点投入一线队伍，不重视梯队建设。③篮球运动管理中心

---

① "熵"：科学技术上泛指某些物质系统状态的一种量度或者某些物质系统状态可能出现的程度。根据热力学第二定律，对于孤立系统，任何不可逆过程总是使系统的熵增加。这就是著名的熵增加原理。熵可认为是系统无序性的定量量度。

② "经济人"理论把人看作经济利益驱动的产物，其行为的制度目标是经济主体的利益最大化。这里所说的主要是指俱乐部在物质利益范围内的逐利行为，并没有否定其行为动机的多重性。

要求俱乐部配备青年队，但对俱乐部如何办却没有更细化的监管和配套措施。

"职业化"培养模式是在行政干预下生成并运行的，在一定时期内还可能会得到发展。但随着市场经济体制的完善和篮球运动管理体制改革的深化，如果篮球项目实行协会制、实体化成为事实，职业俱乐部市场主体地位完全确立以后，笔者认为这种模式的发展前景还难以预期。我们看到，在市场竞争完全的美国，NBA各俱乐部并没有组建青少年后备梯队。

（2）"体教结合"模式。由于在竞技体育的发展过程中，体育与教育逐渐分离，导致体育系统内的运动员文化素质差，不能适应时代的变化和发展，在此背景下，"体教结合"被提了出来。宋全征（2002）认为"体教结合"的主要含义是"体育系统和教育系统强强联合，资源共享，优势互补，依托学校，齐抓共管，形成纵向衔接合理，横向联合紧密高效，有序、可持续发展的，文化教学和运动训练相结合的体育后备人才培养体制和运行机制"。[①] 郑婕（2006）认为"体教结合"是：在"以人为本"的科学发展观指导下，体育部门与教育部门为共同培养全面发展的高水平竞技体育人才而构建的和谐体系。[②] "体教结合"的真正内涵与外延在理论上还有一些争鸣，在竞技篮球后备人才培养的实际操作中也呈现出多种结合形式：①中小学体育传统项目学校；②体育后备人才培养基地；③省市体校与重点中学联合建队；④高校办高水平运动队；⑤篮球项目重点学校；⑥体育大学（学院）附属竞技体校；等等。

各种体教结合形式多是在国家政策的导向下，根据实际情况进行的体育与教育合作，在多年的运行中体现了许多培养优势。但也存在一些问题。①教练员水平问题。整体上，体教结合单位的教练员水平较以前有提高，但与专业运动队的教练员相比，差距仍然明显。②经费保障问题。虽然得到了教育部门的支持，但在我国整体教育经费紧张的情况下，用于竞技篮球后备人才培养的经费仍显不够。并且，各种结合形式间差异明显，重点中学、名牌大学经费较有保障。③体育与教育部门职能协调问题。体育与教育部门没有形成对人才培养拥有管理权限的"行政结合体"，一些培养单位只是相互依托管理，体育与教育部门各自还分担着相应的权限，由于我国行政管理体制的条块设置，体育与教育各有自己的权利边界，在责、权、利的分担及资源配置方面还有矛盾。④竞赛体系问题。在运动员资格认定、比赛时间安排、年龄分组等方面有冲突；比赛整体数量偏少，且不同培养单位之间差异明显；教育部门的竞赛没有全面融进国家竞赛体系。⑤人才流动问题。对运动员的产权归属存在争议，纵向与横向流动障碍太多。

从发展前景看，"体教结合"模式最具潜力。首先，从国际经验看，美国、日本等国都把竞技体育后备人才培养重心放在学校，对于促进后备人才的全面发展非常有益。再者，从我国现实国情出发，该模式能在一定程度上弥补"专业运动队"

---

① 宋全征.中国竞技体育人才开发[M].北京：北京体育大学出版社，2004：89.
② 郑婕."体教结合"培养高水平竞技体育人才的研究[D].北京：北京体育大学，2006.5.

模式和"职业化"模式只重训练、忽视文化学习的不足，有利于青少年素质的全面培养，有利于体育事业的协调、可持续发展。

（3）"社会化"培养模式。描述为"社会化"主要是出于以下几点考虑：①模式内部的行政、人事相对独立于体育部门与教育部门管理之外；②人力资源或培养经费主要来源于社会；③模式的运营采用市场化手段。现阶段，此模式所呈现的组织形式主要有：①中国篮协篮球分校，如沈阳、阜新篮球学校等，主要经费来源于学生学费；②个人、明星办篮球学校、俱乐部，如运城篮球学校、孙军篮球学校，主要也是收费训练、学习，向社会聘请教练员；③中国篮球城市的篮球学校，如济源、东莞篮球学校。

这种培养模式采用市场化运作，顺应了市场经济体制改革，呈现了一定的生气。但在我国现行体育制度和教育制度背景下，该模式在招生、竞赛、人才流动等方面还存在许多制度瓶颈，亟待解决。笔者认为，在市场经济发展完善以后，在国家不再直接负责竞技篮球后备人才培养具体事务时，这种培养模式将成为人才培养体系中非常有益的辅助模式。

3. 我国竞技篮球后备人才的数量与质量

竞技篮球后备人才的数量与质量是相辅相成的一体两面。西奥多·W. 舒尔茨指出：人口的数量和质量是人力资源最基本的性质。[①] 一定的青少年篮球运动员数量是形成后备人才队伍的基础和保障，质量则反映出培养的效果与发展的潜力。要提高我国竞技篮球水平，后备人才的质量具有更为重要的意义。

（1）竞技篮球后备人才总量逐渐增加

竞技篮球后备人才市场的变化，不仅受到整个国民经济发展水平、政治与社会文化需要的影响，还受到体育系统内结构调整的影响。在20世纪80年代，在"缩短战线，调整重点"的思想引导下，国家及各省市对开展的运动项目进行结构调整，一些投入大、见效慢的集体项目被砍掉，篮球就在精简之列。许多省市取消篮球专业队，由于输送渠道被封闭，许多省市青年队也相继取消，继而影响到中小学业余篮球训练的开展，使得长期从事业余训练的青少年篮球运动员数量急剧下降，具体数据未见官方或权威统计，但从那一时期参加全国青年联赛的队伍数到20世纪末的变化可见端倪，见表5-5。

表5-5 20世纪八九十年代参加全国青年联赛队伍数变动简表

年度	队伍数	
	男	女
1984年	42	38
1985年	38	36

---

① [美] 西奥多·W. 舒尔茨. 论人力资本投资 [M]. 北京：北京经济学院出版社，1992.

（续表）

年度	队伍数	
	男	女
1986 年	31	32
⋮	⋮	⋮
1998 年	22	18
1999 年	20	18
2000 年	21	18

资料来源：依《篮球大辞典》和1998—2000年全国篮球项目竞赛规程制作。

进入21世纪，随着国民经济的迅速发展，人们的文化需求也日趋多样，推动着体育与篮球运动的改革向纵深展开，青少年后备人才培养作为竞技篮球发展提高的基础受到多方关注。职业联赛的推出和市场化运作，以及NBA的全球性推广，也提高了篮球运动的影响力，激发了培养单位和青少年训练的积极性，参加业余训练的青少年开始增加。有权威资料表明，截至2000年，我国有15个省、市将篮球作为重点项目，约有35支男、女青年队（含部队）和30支左右的男、女少年队。全国各级各类体校参加长期系统训练的学生有3.5万人[①]。近几年，在篮协注册的青少年运动员逐年增加，1998年有900人（男567人、女333人）；到2004年有1143人（男901人、女242人）；2005年达到2301人（男1291人、女1010人）。2010、2011、2012年仅参加全国U13、U14、U15青少年男女篮球集训的运动员就有1000人以上。

在教育系统内，CUBA和"大超"带动了高校篮球运动发展。目前，CUBA每年的基层预赛参赛队伍已经超过1200支，分区赛参赛队伍超过100支。参加"大超"的由最初的16支男队扩展到现在的20支队伍。中小学主要以体育传统项目学校为主开展篮球业余训练，目前全国有传统校25 000余所，按篮球开展基础较差的湖南省83所省级传统校有10所共12支篮球代表队的比例推算（每队12～15人），在训的青少年运动员应当在4万人以上。另外，"社会化"培养模式中各类篮球学校也有相当数量的人才储备。

（2）竞技篮球后备人才的量的结构

目前，省、市体校专业队、俱乐部青年队是后备人才的主干，主要承担着向国家队、俱乐部及其他一线队输送人才的任务。但在市场经济的冲击下，招生、退役安置有困难，在训人数有所萎缩。"体教结合"的培养单位，由于顺应了政策导向，满足了学生及学生家长对未来择业的要求，参训人数在增长，成为基础最大、人数最多的后备人才阵地。高校高水平篮球队有望逐渐成为高水平竞技篮球人才储备库。"社会化"培养模式中的各类培养单位，由于政策性影响和体制锁定，办

---

① 闫育东，等. 我国青年阶段篮球训练组织系统的优化与重构 [J]. 中国体育科技，2006（1）：48.

学、办队的条件、环境不够完善,在一段时期内,数量不会有大的增长。

(3) 竞技篮球后备人才的质量

"转型期"竞技篮球后备人才的整体质量有所提高。首先,综合素质有较大提高。针对原体制的不足,管理层加强了青少年运动员文化与思想教育的力度,颁发了相关的学习要求、标准,还有保障运动员获得学习机会的措施。原国家体委于1993年发布了《国家体委关于优秀运动队文化教育工作深化改革的意见》,1995年发布了《国家体委关于加强和发展优秀运动队职业教育的意见》,在法规上提供了保障。另一方面,体育与教育也在更宽的范围、更深的层面进行结合,共同培养高素质的优秀篮球后备人才。许多省、市体校篮球队与重点中小学合作办队,青年队与高校联合建队。这样,既增加了运动员学习机会,又提高了运动员学历结构,为运动后职业地位获得做了准备。

其次,运动员的竞技能力从整体上看有提高。在世界、亚洲赛场上,青少年竞技篮球取得的成绩较为稳定,女队还有待突破。青年队员在CBA、WCBA及NBL等成年级联赛中的上场人数、时间都有所增加,起到的作用也越来越大(见表5-6、图5-2、图5-3)。在2012—2013赛季中,CBA十六支男队中21岁以下的报名注册球员有31人,WCBA十二支队伍中21岁以下的报名注册队员有34人。

表5-6 2004—2005、2005—2006赛季CBA、WCBA一线队中青年队员人数

	2004—2005赛季 队员数(21岁以下)	%	2005—2006赛季 队员数(21岁以下)	%
CBA	86	40.95	77	33.92
WCBA	88	48.89	85	47.22

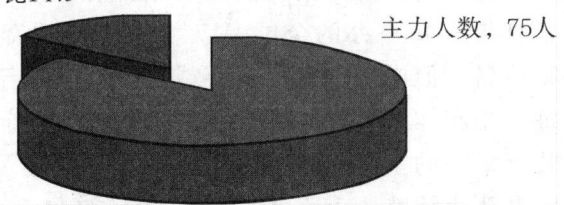

图5-2 2004—2005赛季CBA青年队员主力人数

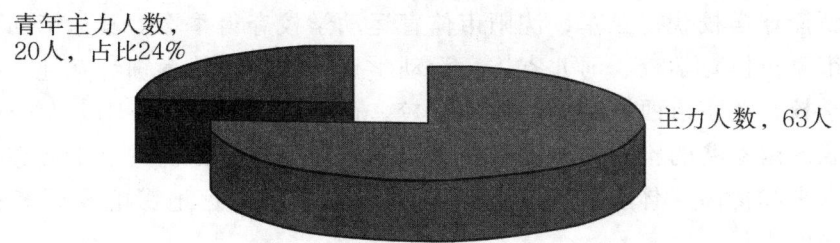

图5-3 2004—2005赛季WCBA青年队员主力人数

数据来源:《篮球》杂志,2004(12):52-55;2006(1):54-55、60-61。

大学篮球竞技水平有了飞跃式的提高，从 2005 年首次举办的 CUBA 前四强与青年队的对抗赛上看，也可发现大学竞技篮球队与专业、职业青年队的水平差距在缩小（见表 5-7）。

表 5-7 CBA-CUBA 青年篮球男子组若干技术统计

		篮板		快攻	扣篮	盖帽	助攻	抢断	失误	得分
		前	后							
CBA 青年队	总计	256	502	89	10	60	184	200	392	
	场均	10.67	20.92	3.71	0.42	2.5	7.67	8.33	16.33	67.13
CUBA 队	总计	330	512	91	3	75	222	225	405	
	场均	13.75	21.33	3.79	0.13	3.13	9.23	9.38	16.88	73.08
CBA 队	场均	11.0	26.92		1.88	2.88	13.7	10.1	15	97.1

数据依"恒华体育"网、www.cba.gov.cn 技术指标统计。

辩证地看，我国竞技篮球后备人才的质量与世界篮球运动迅速发展对人才提出的高要求相比尚有差距。在 2013 年 U21 男篮"世青赛"后，教练组在调研报告中指出：我们与世界强队差距最为明显的是"身体条件和体能还不如对手"；其次才是如进攻和防守能力、内线的攻击能力、场均得分能力；等等。而这些差距和问题关系到"训练体制、训练理念、指导思想、科学管理、训练质量、赛制改革、大赛经验"等诸多方面。

另外，省、市体校由于招生、就业困难，人才培养质量有所下降。在 2006 年 4 月于福州举行的全国青少年女子 U17 比赛中，发现省体校成绩下滑明显，而一些"体教结合"的中学生队实力在迅速提升（见表 5-8）。长沙雅礼和石家庄二中对河北、江苏、大同、宁波、黑龙江体校队，一般都胜出 30 分左右。2013 年 3 月在上海向明中学（浦江校区）举办的全国 U17 女子篮球比赛中，又是上海市向明中学代表队获得了第一名。但由于中学生队甚或大学生队居于教育环境下，受到教育体制的约束、训练与竞赛体系不完善、教练员水平偏低等问题的困扰，竞技能力还有待提高。从近几年举办的全国高水平后备人才基地比赛及 U15、U17 级别的比赛来看，体育系统的办队成绩整体上强于中学球队。如在山东淄博举办的 2012 年全国高水平后备人才基地 U15 女子篮球比赛中，烟台市体育运动学校获得冠军，中国篮协阜新篮球学校获得亚军，沈阳市体育运动学校夺得季军。其他第四至第八名是：淄博市竞技体育学校、河北省体育运动学校、青岛市体育训练基地、哈尔滨市华龙篮球学校、北京市西城区体育运动学校。而从 2014 年全国 U17 女子篮球比赛来看，代表湖南参赛的雅礼中学队只获得第四名。所以，如何进一步调整省、市体校的办学水平和提高"体教结合"组织的训练水平将深远地影响我国竞技篮球后备人才培养的质量。

表 5-8 2006 年全国青少年女子 U17 篮球比赛前八名成绩名次

名　次	比赛名次	身体素质、基本技术	技术评定	总名次
第一名	辽宁省少年队	福州市体校	辽宁省少年队	辽宁省少年队
第二名	石家庄二中	石家庄二中	石家庄二中	石家庄二中
第三名	长沙雅礼中学	辽宁省少年队	福州市体校	长沙雅礼中学
第四名	上海建平中学	长沙雅礼中学	长沙雅礼中学	福州市体校
第五名	福州市体校	江苏省体校	河北省体校	上海建平中学
第六名	阜新篮球学校	山西大同体校	江苏省体校	阜新篮球学校
第七名	福建省体校	阜新篮球学校	阜新篮球学校	河北省体校
第八名	河北省体校	河北省体校	福建省体校	江苏省体校

三、竞技篮球后备人才培养存在的问题

随着社会主义市场经济体制的建立和完善，业余篮球训练体制正在由适应计划经济体制的训练管理体制向适应市场经济体制的训练管理体制过渡，目前是两种体制并存运行。由于两种体制在资源配置方式上的绝然不同，转型时期"双轨制"的运行必然带来许多新问题。竞技篮球后备人才培养过程中一些亟待解决的问题主要体现在以下几个方面。

（一）培养体系不够完善，结构调整尚未到位

由于我国的经济体制及其体育体制是采用渐进式改革，竞技篮球后备人才培养体系与模式的变革也只能是在原有体系与模式基础上不断发展与修正。计划经济时期建立的培养体系没有完全退出人才培养市场，以市场经济为原生点的新型后备人才培养体系又没有建立起来，两种体系在市场运行中还发生着激烈的碰撞。所以，打破国家包办后备人才培养的格局，积极调动社会力量培养后备人才，发挥"结构调整"这"另一只看不见的手"的作用，建立适应市场经济的后备人才培养体系和良性发展的运行机制成为关乎竞技篮球可持续发展的重要问题。

（二）体育与教育两部门结合不力

在结合的实际操作中，由于两部门之间对结合的目的认识不统一，各自按本系统的目标定位进行"体教结合"，教育系统的各级学校没有将培养竞技后备人才作为当然责任，仍然把体育乃至篮球看作是文化教育的"点缀品"，使得学、训矛盾依然突出。体育系统将各级体校从形式上转换为中专、大专，运行机制则未作根本性调整，仍然是重训练、轻学习。只是将"体教结合"作为弥补原体制缺失的手段。另外，政策边界也是两部门结合不力的原因。如 2005 年教育部出台的高校体育特长生招生政策，其限制性就很大，规定要达高考二本分数线的 60% 才能投档，使得录取率较低。体育部门又规定少年队不能批一级运动员，关于一级运动员考大学的优惠政策落实不到中学生队，学生运动员上大学的出路受限。体育与教育各自考虑本位利益，使得竞赛体系不协调，在赛制、时间、流动上常有冲突，教育系统

的赛事偏少。两部门没有真正做到资源共享，共同为培养既有高竞技能力、又有高文化素质的后备人才这一目标而努力。

（三）普及与提高脱节

职业联赛、NBL、CBO、CUBA、"大超"等赛事的火热开展，以及篮球运动管理中心推出的"小篮板工程"、北极星计划等一系列与之配套的改革举措，极大地促进了篮球运动的普及，总体上，我国竞技篮球人才的量的结构基本达到了"金字塔"形配置。而由于没有处理好普及与提高的关系，这种普及并没有带来中国竞技篮球水平的大提高。抓普及是发展竞技篮球所必需的，但我们也要认识到事物量的积累并不必然带来质的跃迁。竞技篮球水平的提高是一个多因素作用的复杂过程，"人海战术"在一定程度上还可能影响人才质量和训练效益的提高。在发展篮球运动、提高竞技篮球水平的过程中，如何保持合适的发展规模，追求"规模效益"①，值得思考。

（四）培养与使用脱节

专业运动队在后备人才培养过程中，重竞技、轻育人，以培养、输送高水平的竞技篮球后备人才作为惟一目标，不重视人才综合素质的培养，不重视对运动员进行后职业地位获得前的准备教育。使得那些不能进入一线队的运动员退下来之后，由于不具备相当的社会适应能力，对他们继续发展和服务社会造成很大影响，也给社会保障增加了负担。教育系统在培养后备人才的过程中，也没有充分利用学校良好的教育资源，学习与训练的结合度把握不好。造成运动成绩达不到高水平而且完成不了正常学术要求的尴尬局面，不利于中学生运动员升学、向上一级训练形式输送，也不利于大学生运动员毕业找工作。

（五）竞赛与训练脱节

竞赛是竞技篮球后备人才培养工作的重要一环。依欧、美篮球后备人才培养的经验和竞技能力形成的相关理论，青少年篮球运动员一年参加正式比赛的数量不宜少于40场。而我国青少年运动员的参赛平均数量远远低于这一水平。据笔者（2012）对湖南省10所传统项目学校（中学）篮球队的调研，只有1所竞技水平较高的学校（长沙市雅礼中学女队）年参赛30场以上，其余学校均在20场以下。在高校，挂靠的专业队竞赛与训练结合得较为适宜，其余高校高水平篮球队的比赛次数也很少，除了每4年一届的全国、省大学生运动会篮球赛和现在每年一届的CUBA或"大超"，基本上没有其他比赛。省、市体校篮球队由于只能参加体育系统组织的比赛，比赛数量有限，参赛场次也不够。训练与竞赛脱节严重地影响到青少年篮球后备人才竞技能力的提高。

---

① 管理经济学的概念范畴。一个工厂或公司的规模大小与经济效益的高低，存在着紧密的联系。在某个产量范围内，随着生产规模的扩大，生产效率递增，而超过这个产量范围，生产规模继续扩大，生产效率就递减，生产成本就递增了。由这种适度的规模带来的最佳经济效益称为规模效益。

（六）法规建设不完善、监督不力

缺法、不懂法、有法不依、执法不严是我国在建立社会主义市场经济中暴露出来的普遍问题，在竞技篮球后备人才培养中也同样存在着这些问题。各类培养单位在招生上无序竞争，招生过程中搞不正之风；输送、交流上地方保护主义严重；竞赛方面弄虚作假，"以大打小"；等等。此类现象长期存在，反映了在竞技篮球后备人才培养中，还没有建立起适应市场经济体制的较为完善的法规体系。比如谎报年龄、弄虚作假现象，与没有严格执行青少年注册制是有很大关系的。尽快建立和完善适应社会主义市场经济体制的法规体系，是保障后备人才培养及其竞技篮球可持续发展的制度基础，这些工作刻不容缓。

（七）教练员配置不合理

教练员水平问题是困扰业余训练的老大难问题。首先，这与我国竞技篮球水平不高是相关联的。其次，与教练员的配置不合理有关。业余体校的教练员有丰富的实践经验，但理论知识相对缺乏，学历层次普遍偏低，教练员队伍知识结构单一，多倚重经验，训练科学化程度不高。教育系统的教练员则相反，缺乏高水平的运动经历，亦不能完全胜任。再次，从事青少年业余训练的教练员缺乏培训，没有教练员培养体系和相关制度作保障。在市场经济体制下，体育与教育两部门没有协同作战，没有整体布局，没有建立教练员交流平台[①]。尽快形成教练员合理流动机制，有效整合现有教练员资源，采用"请进来、送出去"的举措，建立教练员培训体系，等等，将是快速提高教练员执教水平并提高训练效益的有效方法。

第三节　中国青少年篮球训练教练员的培养现状

（一）教练员组成情况

由于我国体育管理体制、训练组织形式、人事制度的特殊性，从事青少年业余篮球训练的教练员在体育系统与教育系统存在着专职与兼职之分。

在体育系统内，从少年到成年阶段教练组人员配备的数量呈递增趋势。成年队配备一名主教练和两名以上助理教练的达70%以上。相比之下，少年队、青年队由于受诸多客观因素的影响，整体配备实力较弱。[②] 在许多省市的少体校、竞技校、篮球学校、传统项目学校的篮球队中，只配备一名教练员。在教育系统也存在类似情况，在中小学一般一个篮球队只配备一名教练员。在高校中，运动水平、竞技成绩较好的学校一般配备两名教练。通过对参加第九届"大超"联赛的十六支男队、第十三届CUBA男八强和女四强队伍的调查发现，每支球队都配备了两名教

---

① 仇军，等．普通高校高水平运动队教练员来源与构成模式研究［J］．成都体育学院学报．2002（4）：36-39．
② 赵晶，等．我国篮球教练员与运动员人力资源探析［J］．上海体育学院学报，2006（4）：23-25．

练员。

（二）教练员的年龄结构

据资料表明，高级教练员出成绩的最佳年龄段是40—50岁。另外根据国外心理学家最新分析，人的第二个青春期在40—60岁，为贡献期。进入这个年龄段时，无论生理还是心理，都趋于健康、成熟、稳定，有担负重任的能力，有为社会做贡献的强烈愿望。因此可视为最佳贡献青春期。①

通过对2006年在篮管中心注册的体校、省青年队、俱乐部青年队的52名专职教练员的调查（图5-4），发现年龄结构呈中间大（30—60岁）、两头小（大于60岁和小于30岁）的趋势。依《体育事业统计年鉴（2009）》可知截至2008年底，我国二、三线篮球教练员中40岁以上的有725人，30—40岁的有493人，20—30岁的有254人，20岁以下的有5人，整体情况也呈现如此趋势。说明现在的专职教练员还是一个富有活力的团队。

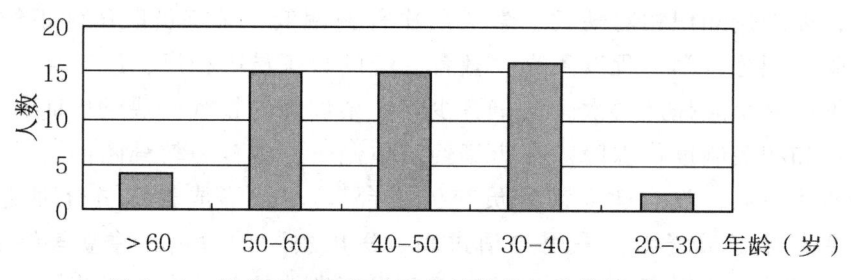

图5-4　部分青少年篮球训练教练员年龄结构（N=52）

高兵在对参加2001—2002年CUBA联赛分区赛的64名教练员年龄的调查中发现（图5-5），参加CUBA的教练员30岁以下的占4%，30—40岁的占46%，40—50岁的占42%，50岁以上的占8%。他认为目前大部分CUBA教练员正处于创造优异成绩的大好年龄段。②田学礼（2013）通过对广东省高校篮球教练员队伍进行统计分析发现，年龄在30—40岁间的骨干教练员所占比例为56.94%，41—50岁间的教练员占30.56%，而30岁以下和50岁以上的教练员所占比例较小。③王兆宝（2011）研究发现，现阶段山东省高校篮球教练员的年龄结构分布集中在30—49岁这个区间，占调查人数的83.2%。④王云峰（2011）通过对海南高校教练员调查发现，教练员年龄结构以30—39岁为主，占总人数的53.3%。⑤以上研究表明，目前我国高校篮球教练员年龄结构以中青年为主，教练员具有很强的活力

---

① 高兵．对参加CUBA联赛教练员现状调查研究［D］．北京：北京体育大学，2003（5）．
② 高兵．对参加CUBA联赛教练员现状调查研究［D］．北京：北京体育大学，2003．
③ 田学礼．广东省高等院校篮球教练员的现状调查与对策研究［J］．辽宁体育科技，2013（35）：13-15．
④ 王兆宝．山东省高校篮球教练员的现状与对策研究［J］．赤峰学院学报（自然科学版），2011（27）：148-149．
⑤ 王云峰．海南省高校篮球教练员现状与发展研究［J］．内江科技，2011（7）：9-10．

和潜力。

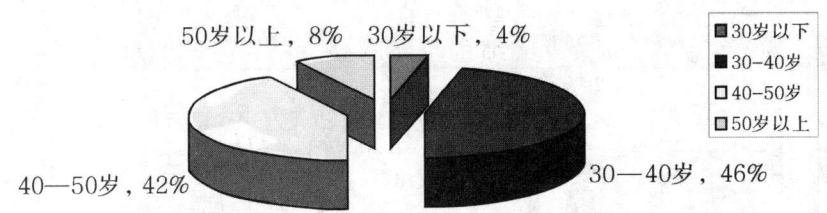

图 5-5　部分 CUBA 教练员年龄结构（$N=64$）

杨玉功通过对河南省各级体校和业余体校的 52 名教练员年龄调查，得出教练员的年龄结构见表 5-9。他认为体校教练员年龄结构基本合理，但既有运动经历又有执教经验的教练员比例偏少。[①]

表 5-9　河南省各级体校篮球教练员年龄结构分布　　　　　　　　　$N=52$ 人

年龄区间	29 岁以下	30—40 岁	40—50 岁	50 岁以上
人数	5	27	7	8
百分比（%）	10.6	57.4	15	17

刘禹通过对东北三省市级体校篮球教练员调查发现，辽宁省教练员队伍年龄结构以中青年为主，35—40 岁的教练员占教练员数量的 44.4%，符合教练员工作强度大、任务重、压力大的特点，也有利于教练员的新老交替。吉林省的教练员队伍出现了断层现象，以 29 岁以下和 46 岁以上为主，分别达到了 50% 和 33.3%，呈现中间少两头多的趋势。[②]黑龙江省大部分以青年教练员为主，占总人数的 57%，中年教练员较少，只有 14.2%（见表 5-10、图 5-6）。另外，东北三省还有一部分 46 岁以上经验丰富的老教练仍然工作在第一线，他们可以对年轻教练员起到传、帮、带的作用，是篮球事业腾飞的宝贵财富。

表 5-10　东北三省篮球教练员年龄结构分布表

	29 岁以下		30—34 岁		35—40 岁		41—45 岁		46—50 岁		51 岁以上	
	N	%	N	%	N	%	N	%	N	%	N	%
辽宁省	2	22.2	1	11.2	4	44.4	0	0	0	0	2	22.2
吉林省	3	50	0	0	1	16.6	0	0	2	33.4	0	0
黑龙江省	4	57.2	1	14.2	1	14.2	0	0	1	14.2	0	0

注：$N=$ 人数，$\%=$ 百分比。

[①] 杨玉功. 河南省各级体校篮球教练员队伍现状调查与分析 [D]. 开封：河南大学，2005（5）.

[②] 刘禹. 东北三省市级体校篮球教练员现状对比分析 [D]. 沈阳：沈阳体育学院，2010.

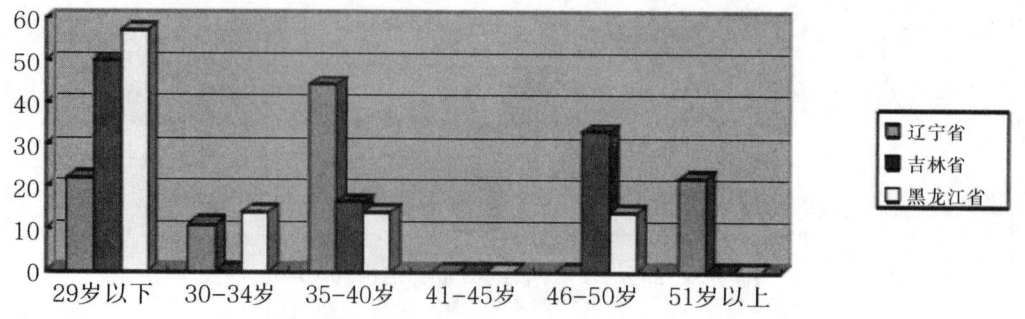

图 5-6 东北三省篮球教练员年龄结构分布图

（三）教练员的学历与等级结构

训练的科学化是提高青少年篮球水平的基础，而教练员队伍的能力结构是决定科学化训练能否实现的关键。我国篮球运动管理部门十分重视教练员的能力培养，加强学历教育与培训，经过多年的努力，目前，负责青少年篮球训练的教练员的学历层次有了较大提高。2006 年在篮管中心注册的体校、省青年队、俱乐部青年队的 52 名专职教练员的学历结构见图 5-7。

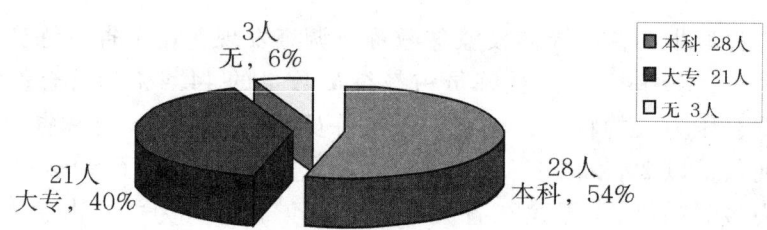

图 5-7 部分青少年篮球训练教练员学历结构

从事青少年篮球训练的教练员的等级水平也在逐步提高。2006 年注册的 52 名青少年篮球训练教练员等级结构见图 5-8。

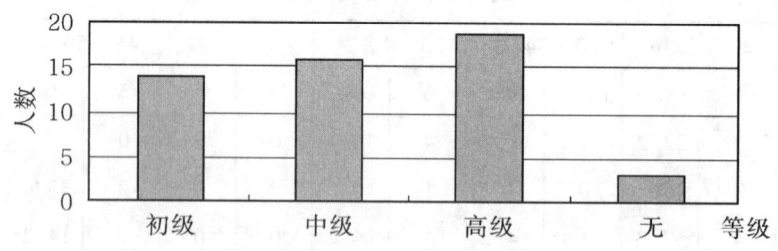

图 5-8 部分青少年篮球训练教练员等级水平（$N=52$）

据《体育事业统计年鉴（2009）》统计，在我国二、三线篮球队伍教练员共 1 477 人中，有研究生学历的 5 人，有本科学历的 695 人，有大专学历的 610 人，有中专学历的 126 人，有高中学历的 30 人，具有初中学历的 11 人。在这部分教练员中，国家级教练员 2 人，高级教练员 207 人，中级教练员 627 人，初级教练员 560，无等级的 81 人。

在刘禹的研究中，东北三省教练员中研究生学历的尚无一人，三省的教练员基本都达到大专、本科学历，其中黑龙江省较好，达到85.7%。辽宁省与吉林省在学历结构上相对较差，但本科学历也都占66%以上（见图5-9）。从职称结构来看，辽宁省中级教练员最多，达到所调查教练员的55%，可见辽宁省教练员队伍以中级教练员为主，但却没有一名高级教练员，可见职称偏低。吉林省与黑龙江省情况相似，初级教练员数量分别达到了50%和71.4%，中级教练员数量较少，两省虽然各有1名高级教练员，但是由于中级教练员数量的缺乏使得职称结构整体还是偏低（见图5-10）。

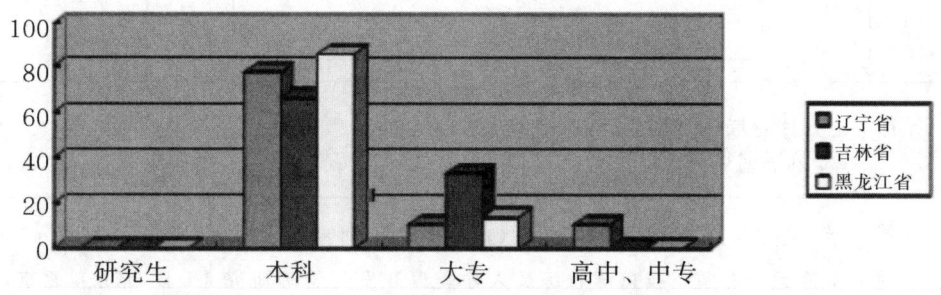

图5-9　东北三省市级体校篮球教练员学历结构分布图

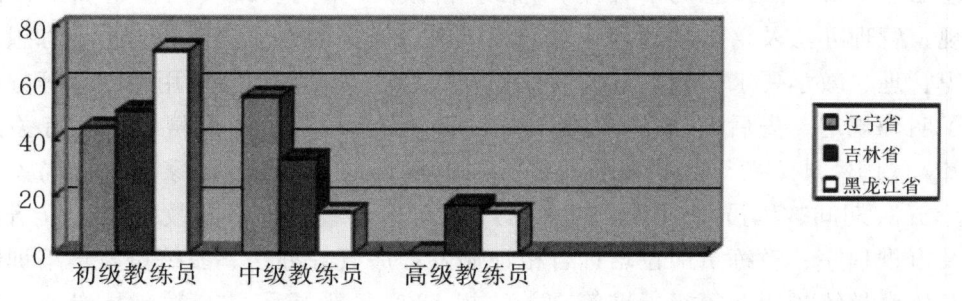

图5-10　东北三省市级体校篮球教练员职称结构分布图

（四）教练员岗培情况

篮球教练员培训的历史和现状统一于我国教练员整体培训之中，但由于篮球自身特点和实际情况，篮球教练员培训又有其特殊性。

包括篮球教练员岗位培训的教练员培训正式起步于20世纪90年代，一开始就受高度重视，有明确制度要求。人事部和原国家体委于1994年联合颁布了《体育教练员职务等级标准》（人职发〔1994〕17号），规定教练员在申报各级教练员职务时，必须取得相应教练员岗位培训合格证书。从2001年1月1日起，只有经过教练员岗位培训并获得相应级别教练员岗位培训合格证的教练员，才可以申报晋升高一级教练员职务。目前，中国竞技篮球教练员岗位培训的管理体制还是一种较为单一的、自上而下的管理体系（见图5-11）。

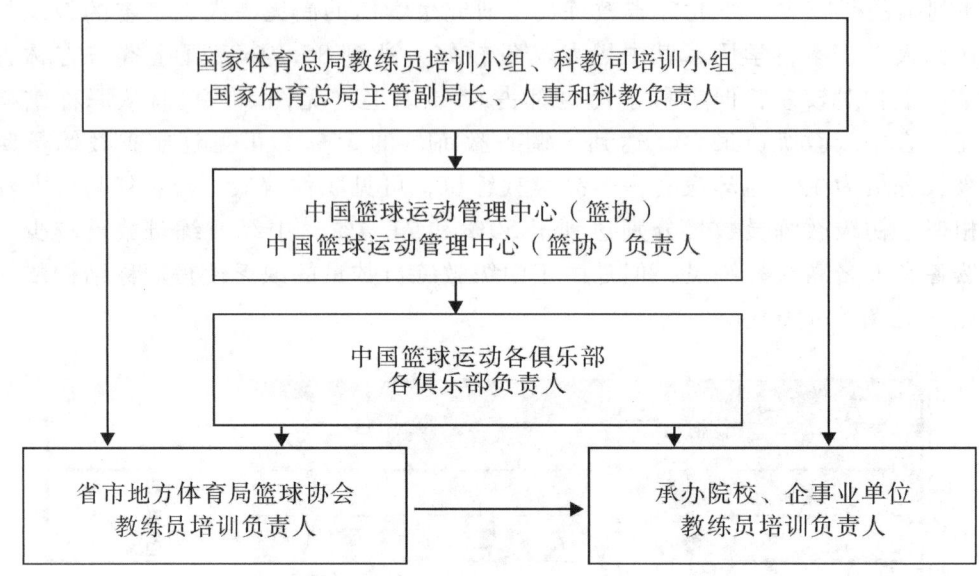

图 5-11 中国竞技篮球教练员岗位培训管理体系结构图

资料来源：舒刚民. 中国竞技篮球教练员人才资源开发与管理研究［D］. 北京：北京体育大学，2012.

近二十年来，体育总局（体委）陆续出台了一系列教练员岗位培训工作的政策法规、管理办法及培训规划等，对教练员岗位培训的性质、任务、指导思想、培训组织管理、教学要求、教材建设、证书发放、经费及培训与使用相结合等方面都做出了明确规定，先后发布了《国家体委关于试行教练员岗位培训制度有关问题的通知》《国家体委关于大力发展教练员岗位培训的意见》《国家体育总局关于加强"十五"期间教练员培训工作的意见》等文件，颁布了举办教练员岗位培训班条件及审批程序、教练员岗位培训合格证颁发程序管理办法、教练员教学培训暂行办法及体育教练员职务等级标准等有关法规18项，形成了一套教练员岗位培训规章制度，使教练员岗位培训各项工作有章可循，保证了教练员培训工作的正确方向和顺利发展。

目前，教练员培训体系是以学历教育为基础，以岗位培训为重点，包括各类短期培训及信息服务等多种形式。教练员岗位培训管理体系为国家体育总局统筹进行宏观管理，各运动项目管理中心（或单项运动协会）为龙头，负责所辖运动项目教练员培训工作；以各省（区、市）体育局为基础，负责本地区教练员培训工作；以有关院校为依托参与管理的条块结合，两级培训（高级班原则上由各运动项目管理中心负责；中、初级班原则上由省、区、市体育局负责）的管理体系。教练员岗位培训按教练员不同的技术职务等级，对教练员进行以提高指导训练、指挥竞赛、管理队伍能力和职业道德水平为目的的培训，以提高教练员职业综合能力为目标。分成上岗晋升前的"等级培训"和上岗晋升后的"继续培训"两部分。

经过多年努力，篮球项目教练员培训制度与管理体系已基本建立，并拓展了与大学生体协联合举办高校和中学教练员培训班的路径，2004年成功与教育部合作举办了首期高校篮球教练员培训班和全国中学生篮球教练员培训班，培训工作呈持续稳定发展的态势。基本上落实了人事部和原国家体委颁发的《体育教练员等级标准》中关于"先培训，再上岗"的政策，试行了教练员注册制度，截至2004年，中国篮协已培训在职各级教练员共计700人次左右，注册单位中90%的教练员已经轮训，80%的教练员接受了继续培训，初步达到了"先培训，再上岗"的要求。初步建立了中、高两级培训制度，截至2012年，中国篮协已举办了15期高级班、8期中级班和14期继培班（初级班由地方举办）。

（五）教练员培养存在的问题

1．教练员能力结构不甚合理、水平尚需提高

青少年阶段是篮球运动员掌握基本技战术、培养篮球意识的关键时期，教练员的综合能力在很大程度上决定了训练的科学化水平。目前，大多数体校、青年队、俱乐部青年队的教练员是专业队退役运动员转型而来的，知识结构较为单一。而教育系统的教练员多是体育院（系）毕业的，知识结构较为全面、学历层次也较高，但缺乏高水平运动经历和执教经验。从整体上看，教练员的水平还有待提高。

2．教练员选聘不科学、流动不畅

在我国，体育系统和教育系统内从事青少年篮球训练的教练员很少是通过跨行业、跨部门竞聘上岗的，多是本系统、本部门内通过组织任命。领导执政的倾向性在教练员的选聘中起到了一定的作用。在美国高校选拔"教师－教练员"的工作是严肃而认真的，对招聘条件具有共识，"多年的教学经验、多年的训练经验、良好的胜负记录、教学能力、选材能力、名人的推荐和口才等"被作为重要因素加以考虑。

由于我国人事制度和户籍制度的特殊规定，教练员对单位组织还具有高度的人身依附性，教练员跨系统、跨部门流动存在制度瓶颈，教练员流动的市场还没有形成。

3．教练员岗培工作亟须创新

篮球教练员岗位培训工作存在的问题和面临的一些困难表现在：教练员岗位培训管理未达到规范化、效益化、社会化、国际化要求；投入不足、可持续发展问题没有根本解决，特别是适应市场经济体制的运行机制尚未形成；虽然接受岗位基础培训的教练员数量有一定的增加，但还有3/5的专职教练员没有接受过岗位基础培训，等级教练员培训班数量和质量有待进一步改进；发展不平衡，未形成适应不同层次的教练员培训体制；师资队伍、培训教材建设滞后，选派教学人员的标准、途径和使用办法等不规范、不系统；培训效果急需提高，在培训观念、体制、结构、模式、内容、方法、监察及评价考核形式上有待进一步创新和提高。

（六）教练员培训的发展规划构想

1．明确培训的指导思想

篮球教练员培训是一项长期、系统的渐进过程，要坚持科学发展观，以人为

本，在战略上突出岗位培训的地位和作用；站在篮球教练员培训工作是篮球项目重要组成部分和发展篮球事业的基础的高度来认识和落实这项工作；坚持教练员培训为"奥运争光计划纲要"和"全民健身计划纲要"服务的方向，以"奥运争光"为重点，培训优秀的从事青少年篮球训练的教练员队伍。

2．制定培训的具体目标

（1）整理篮球员岗位培训现有规章制度，按照整体性、优化性、模型化原则，探索青少年篮球队伍教练员岗位培训新制度，构建包括岗位培训管理、教学与教务实施和后勤保障三体系的培训新模型，力争使岗位培训向规范化、制度化、社会化和国际化方向发展。

第一，理顺岗位培训管理体系。

在总局教练员培训领导小组的领导下，成立新的全国篮球教练员岗位培训指导小组，对全国青少年篮球队伍的教练员岗位培训工作进行指导，推动岗位培训工作规范化、制度化。

第二，构建教学与教务实施体系。

成立全国篮球教练员岗位培训教研组、岗位培训大纲和教程编写组，建立并不断完善教练员培训工作的教学与教务体系，包括培训基地网络、师资、文件（大纲、教材）、考核及制度等。

第三，完善后勤保障体系。

充分利用各大体育院校的师资和教学条件，把体育院校吸引进来共同参与教练员培训制度的制定和管理，条块结合，完善国家和各省（市）两级培训制度。

（2）建立教练员综合评估体系，在各层次中培训出一批高水平的教练员，支撑和服务青少年篮球队伍的训练工作，增强可持续发展能力。要避免以运动成绩替代其他考核的做法。

（3）引进市场机制，整合资源，拓宽培训资金来源渠道。把教练员培训由行政推动为主逐步过渡到以市场驱动为主，树立教练员资本投资意识，开发教练员进行岗位培训的动力。

3．落实培训的具体任务

（1）建立与国际接轨的教练员培训制度，在完善二级教练员等级培训体系基础上，建构四级教练员等级培训制度，实行"C"（初级），"B"级（中级），"A"级（高级）和"AA"级（国家队教练员）的四级篮球教练员岗位培训制度。

（2）进一步加强国际交流与合作，使篮球教练员培训目标、内容、方法及制度等与国际接轨，向国际化方向发展，积极探索教练员岗位培训教学新模式。

（3）制定出确实能提高教练员综合能力的岗位培训教学大纲和教材。大纲和教材要根据青少年篮球训练的特点突出针对性，提倡学以致用，注重实战训练、比赛指导、运动队管理、科学研究等能力和职业道德的培训。

（4）建设教练员岗位培训网络基地，发展教练员培训现代化远程教育，采用"自学与面授"相结合；形成教练员培训骨干教师队伍，建立一支由教师、研究人员、教练员与管理人员组成的"四结合"师资队伍。

（5）力争在2—3年对所有申请并符合资格的青年队、少年队教练员进行岗位培训和完成持证上岗工作，并按继续教育的规定完成继续培训的任务。

（6）加快"体教结合"培训教练员的步伐，加大力度，扩大高校和中学篮球教练员的培训范围，使越来越多的基层教练纳入中国篮球协会的教练员等级培训体系之中。

4．实施培训的措施

（1）在体育系统内严格执行"先培训、后晋升"和"先培训、后注册上岗"规定，做到凡未取得岗位培训合格证书的教练员，不能参加职称评定；凡未能参加岗位培训的在职教练员，必须尽快参加相应级别的教练员岗位培训，并通过考核取得相应的合格证书；凡未取得岗位培训合格证书和继续培训合格证书的教练员，不允许注册，也不能带队参加比赛。

（2）改进培训教程的编写，按照"三结合和三突出"（强调系统性和针对性，突出针对性；强调理论与实践相结合，突出实践性；强调基础与应用相结合，突出应用）原则，针对不同层次，选取不同教学内容，组织不同规模、层次的教练员，进行分级岗位培训，构架培训教学体系新模式。

（3）摆脱单一"集中脱产"形式，采用自学与面授相结合、集中与分散相结合、培训与集训相结合等多种形式；授课注意改变教师"满堂灌"，采用"启发"式，考试采用笔试、口试、作业、论文、实践操作及考核淘汰等方式。

（4）实施学历教育和岗位培训配套，提高教练员的科研能力。对于刚退役转而从事教练工作的专业运动员可采取"学历教育在先，岗位培训随后"的培养形式；而针对刚出校门的新教练则实行"岗位培训在先"的形式。[①] 激励教练员从事科研工作，克服"搞训练的不搞科研、搞科研的不搞训练"的怪现象。

（5）继续展开与教育部的合作，利用中国篮协在教练员培训上的经验和优势，拓展更大规模和深度的高校和中学篮球教练员培训，将高校、中学篮球教练员培训纳入中国篮球教练员等级（"B""C"级）培训中，协调发展职业和非职业篮球。

（6）坚持"请进来，走出去"的原则，扩大与美国NCAA、欧洲塞黑教练员委员会和国际篮联教练员委员会的沟通和合作，重点培养我国优秀年轻教练员。

---

① 杨再淮，等．我国业余体育教练员培养现状与对策［J］．中国体育科技，2003（7）：1-3．

第六章　中国竞技篮球后备人才培养运行机制特质

第一节　竞技篮球后备人才培养运行机制的分类体系

竞技篮球后备人才培养运行机制是一个牵涉各种各样机制的总称，大到整个培养体系的关系架构和运行，小到各个培养单位、培养形式内部的互动关系，只要符合机制的涵义，具备机制运行特征的，都可归入竞技篮球后备人才培养运行机制范畴。所以，竞技篮球后备人才培养运行机制可大可小，种类繁多，适用范围十分宽泛，可从各种角度对其进行分类。

从机制关系结构角度看，可将竞技篮球后备人才培养运行机制分为纵向关系机制和横向关系机制。纵向关系机制是指上下不同层级主体之间形成的机制，如调控机制、协调机制等。横向关系机制是指在同一层级主体之间形成的机制，如体育与教育、企业、社会团体等部门之间的合作机制、协作机制等。

从机制导向角度看，可将竞技篮球后备人才培养运行机制分为以计划为导向的机制、以市场为导向的机制、以管理为导向的机制、以服务为导向的机制等。

从机制运行所要达到的目的角度看，可将竞技篮球后备人才培养运行机制分为调控机制、协调机制、激励机制、竞争机制、监督机制、制约机制等。

从机制运行所处的层次角度看，可将竞技篮球后备人才培养运行机制分为一级运行机制、二级运行机制、三级运行机制等。如此，竞技篮球后备人才培养运行机制就是一个由许多具体的运行机制组成的体系，而不再是抽象、虚无的概念。如，将竞技篮球后备人才培养运行机制作为一级机制，下面包含了动力机制、整合机制、激励机制、保障机制、控制机制等二级机制，每个二级机制下面又包含若干三级机制，等等。

根据竞技篮球后备人才培养的特点，从机制运行所要达到的目的角度，将竞技篮球后备人才培养一级运行机制按层级分为动力、整合、激励、保障、控制等五个二级运行机制，是本文解读竞技篮球后备人才培养运行机制和建构其目标模式的逻辑基点和理论尝试（见图6-1）。从图上可以看出，竞技篮球后备人才培养目标是由社会制度、体育制度、文化环境、历史条件、其他参量几个因素决定的，其中最重要的影响因素是社会与体育制度。竞技篮球后备人才培养目标一经确立，所有的后备人才培养运行机制都将围绕这一目标而被建立起来，为达成目标服务。因此，后备人才培养目标对后备人才培养运行机制起着导向作用。这是一个动态调整过程，一方面，后备人才培养运行机制不断调整结构以符合培养目标的要求；另一方面，后备人才培养运行机制在具体运作过程中也有可能发现培养目标与实践相冲突而无法实现，这样就需要对人才培养目标进行修正、调整。竞技篮球后备人才培养

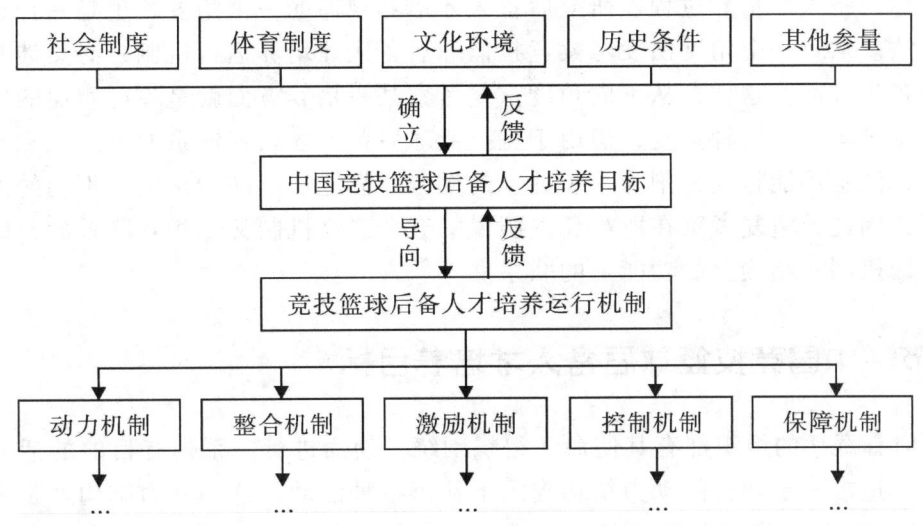

图 6-1　竞技篮球后备人才培养运行机制示意图

运行机制建立之后，就要作用于竞技篮球后备人才培养系统，发挥其功能。具体地说，动力机制的主要功能是为系统运行提供适度的动力；整合机制的主要功能是协调各种利益，促使个体、群体组成有机整体；激励机制的主要功能是促使组织中成员的行为方式和价值观念与系统倡导的趋于一致，激发活力；控制机制的主要功能是维系良好的运作秩序，控制系统运行的方向与速度；保障机制的主要功能是提供人、财、物、信息等系统运行的条件，并维护系统运行安全。这些机制在结构上应是协调的，在功能上应是耦合的、互相补充的，协调中心就是系统运行总目标。同样，运行机制与运行系统之间也存在着反馈，运行机制也在不断修正、不断调整之中。①

需要说明的是：

第一，由前文分析得知，竞技篮球后备人才来源多途径，培养模式多样化，培养主体多元化，说明竞技篮球后备人才培养是一个十分庞杂的体系。而研究机制问题又属于中观层面的理论探索，不是纯操作层面的实证研究。基于现实状况和理论研究之需，要求我们从整体的视角，分析研究竞技篮球后备人才培养过程中运行机制的特点、背景条件、出现的机制缺陷及其产生的原因，以及社会由计划经济向市场经济转型中，在两种体制下竞技篮球后备人才培养运行机制如何转换等问题。

第二，竞技篮球后备人才培养运行机制是一个有机联系的系统，将其分为动力、整合、激励、保障、控制五个二级机制，是源于深入探索后备人才培养运行机制的考虑，并非人为地将其机械割裂。实际上，五个二级机制既是相对独立的，又是相互联系的。所谓相对独立，是指这五个二级机制中的每一个机制，是我们分析

---

① 高雪峰. 中国竞技体育系统运行机制及其发展对策 [J]. 武汉体育学院学报, 1999 (1)：1-6.

竞技篮球后备人才培养过程、研究后备人才培养规律的一个角度，也是一种独特的研究方法。从每一个角度出发考察竞技篮球后备人才培养运行机制，必然涉及培养活动的各个方面。这样，从不同角度重复考察某一培养方面就是不可避免的。尽管在研究中试图避免这种重复，但由于竞技篮球后备人才培养体系的复杂性和有机联系性，无法也不能将其分割为几个独立的部分，只能从不同的角度、不同的侧面进行考察，因此，重复考察在所难免。所说的五个二级机制又是相互联系的，就是指五个二级机制在结构上、功能上的联系。

第二节 中国竞技篮球后备人才培养目标

任何有意义的组织都有其使命，组织围绕其使命进行一系列有目的的活动。组织总是在追求一定利益的动力结构支配下从事各种活动，这一动力结构就是组织的目标。"目标"是指想要达到的境地或标准①。在语义上，在哲学价值观上，目的和目标是有区别的。"目的"（Aims）含有"方向"的意味，表现普遍的、总体的、终极的价值。"目标"（Goals or Objectives）含有"里程"的意义，表现个别（特殊）的、部分的、阶段（具体）的价值。从形式关系说，像体育目的→体育目标→培养、训练、竞赛等目标，是表述从对体育的一般性的方向作用，到日常训练、竞赛、管理中的具体过程所追求的目标。体育目的和体育目标是表示对于体育的抽象的一般的方向作用乃至更具体的方向作用。

正因为竞技篮球后备人才培养目标是由一定时期社会制度、体育制度、文化环境、历史条件、其他参量几个因素决定的，具有鲜明的时代性。因此，在计划经济和市场经济两种体制下的后备人才培养目标各有特点。

一、计划经济时期竞技篮球后备人才培养目标认识

（一）计划经济时期竞技篮球后备人才培养目标

在特定的政治制度及其他历史条件的共同作用下，政府将发展竞技体育作为当然责任，成为竞技体育发展的惟一投资主体，运动队的所有资产与运作资金均来自中央与地方政府，各级体委直接管理运动队，并决定运动队的发展目标与方向。政府基于全社会共同利益而确定的"提高运动技术水平，为国争光"的政治目标就成为各个项目运动队必须追求的目标，政府的政治利益在竞技体育目标中得到体现，并且，在各级运动队中得以更加具体体现。国家队的目标围绕着"勇攀世界体育高峰，为国争光"，省市运动队的目标是"提高运动技术水平，创造优秀运动成绩"，各级少体校的目标则是"培养与输送优秀后备人才"②。竞技篮球运动的目标也体现了"政治利益最大化"的倾向，负责培养竞技篮球后备人才的业余体校、

---

① 《现代汉语词典》，商务印书馆，1986.
② 张林. 职业体育俱乐部运行机制 [M]. 北京：人民体育出版社，2001.

传统项目学校与专业体校的目标主要就是"提高竞技篮球技术水平,为上一级运动队输送大量优秀的竞技篮球后备人才"。

（二）计划经济时期竞技篮球后备人才培养目标的特征与不足

计划经济时期的竞技篮球后备人才培养目标体现出以下特点：第一，目标的政治利益最大化。在计划经济时期，我们实行的是高度集权的经济、政治和文化体制，国家是一切利益的主体，社会是一种典型的"总体性社会"，即政府替代、包办着一切社会事务[①]。竞技篮球具有典型的"公共物品"[②]属性，发展竞技篮球是在国家强制性的制度安排下，通过体育这个公共部门为社会提供的比赛项目，体现着国家的公共利益。第二，提高竞技能力的目标一元化。国家尽可能提供一切保障，目的就是提高竞技能力，满足竞技体育超前发展对优秀竞技人才的需要。这样做的后果就是强调了国家利益与集体利益，忽视了个人利益。个人利益在既定的制度安排下无偿地"让渡"给公共利益，去满足国家和社会的利益需求，运动员的个性发展、文化学习等个人利益就作为代价而被牺牲了。

二、转型期竞技篮球后备人才培养目标认识

（一）转型期竞技篮球后备人才培养目标

转型引起了社会结构的变迁、社会形态的转变。在计划经济基础上制定的竞技篮球后备人才培养目标由于时代的局限性，在转型期被赋予了新的价值内涵，在原目标基础上做了许多必要和必然的调整。

转型期，竞技篮球管理体制为适应市场经济体制改革不断推进市场化、产业化，吸引社会力量，拓宽投资渠道，多途径培养竞技篮球后备人才的格局已基本形成。篮球学校、高水平篮球后备人才培养基地、省市体校篮球队、竞技体校篮球队、篮球传统项目学校、篮球俱乐部青年队、"体教结合"的中学和大学篮球代表队、社会性质的各类青少年篮球培养单位构成了我国竞技篮球后备人才培养的厚实基础。由过去国家全部投资向国家和社会共同投资转变，各类不同性质的投资主体成为竞技篮球后备人才培养的管理主体，基于市场经济运行的逻辑，各类管理主体在追求自身利益的过程中，都会有自己的管理目标，并且，在不同的时期，其管理目标还会有主次之分。

王辉等利用五级评判法对六类高水平竞技体育队伍管理主体目标结构进行研

---

① 孙正平,等. 动员与参与：第三部门募捐机制个案研究 [M]. 杭州：浙江人民出版社, 1999.

② 按照美国经济学家萨缪尔森给出的严格定义，纯粹的公共物品是每个人消费这种物品不会导致别人对该物品消费的减少。美国学者曼瑟尔·奥尔森在其《集体行动的逻辑》（1965 年）一书中认为，任何物品，如果一个集团中的任何个人都能够消费它，它就不能不被该集团中的其他人消费，这类物品便属于公共物品。美国学者布坎南则定义为"任何由集体或社会团体决定，为了任何原因，通过集体组织提供的物品或劳务"。

究，通过赋值比较后得出结论：不同管理主体的目标结构存在差异，[①] 见表6-1。

表6-1 六类高水平竞技体育队伍管理主体目标结构比较表

主体\目标	奥运增光	亚运增光	其他国际大赛	全运增光	大运增光	职业联赛	推动群众体育普及	社会效益	经济效益
国家队	1	2	3				6	4	5
省市队	1	3	5	2			6	4	7
解放军	1	4	3	2			6	4	
行业体协	2	3	6	1			4	4	6
职业俱乐部				3		1	4	2	5
院校队	6	6		4	1		2	3	4

注：序数小的重要性排在前面，空格表示该主体未把此目标放在主要目标范围内考虑。

下面我们试从人才培养体系的层级结构来分析转型期竞技篮球后备人才培养的目标。

由前文分析可知，转型期我国竞技篮球后备人才培养的主体仍然是以国家为主，国家作为投资主体，作为公共利益的代表，由于国家性质未变，其管理目标也不可能作大的改变，追求社会效益、"提高运动技术水平，为国增光"这一带有政治意味的目标仍然是统领我国竞技篮球后备人才培养的总目标和高层目标。我国的综合国力虽然在转型期得到了很大的提升，但与发达国家相比，我们的差距还是很明显的，在这种背景下，我们不可能放弃多年来实行的"举国体制"。在坚持这种体制下，各类管理主体的目标任务都要服从这个总目标。

省市专业队的二、三线队是原三级训练体系保留下来的组织形式，由于许多省市的专业队已转制为职业篮球俱乐部，相应地二、三线队也就转为职业俱乐部的二、三线队。没有转制的省市青年队仍然是延用原管理体制，主要由地方财政负责经费投入。虽然，国家提倡有条件的地方可施行有偿训练，但从调研的结果看，竞技篮球后备人才培养进行有偿训练的极少。这样，其培养活动的主要管理目标仍然是"提高运动技术水平，创造优秀运动成绩，为一线队输送优秀人才"。从效益的角度看，主要追求的还是社会效益。之所以说是"主要目标"而不是"惟一目标"，原因在于：第一，由于是地方财政投资，地方利益必须得以体现，那就要求省市青年队还需担起为地方省市在城运会、青少年运动会及省市单项篮球赛上争取荣誉的任务；第二，一些省市已取消一线队，加上国家青年队组建方式改变，往专业队输送已不是唯一出路。而往职业俱乐部输送不仅开辟了新的输送渠道，还可带来丰厚的经济回报；这样，为职业联赛输送人才就是转型期省市青年队派生出来的新的管理目标。第三，从运动员个体的行为目标来看，进不了一线队，能进俱乐部

[①] 王辉，等. 不同类型高水平竞技体育队伍管理主体目标结构特征的分析与比较 [J]. 武汉体育学院学报，2004 (3)：153-156.

成为职业球员，或进入大学篮球队拿到较高的学历，为今后就业创造条件就成为他们现实的发展目标。

我国的职业俱乐部大多数都是由原各省市专业队改制而来，在职业联赛开始的初期，俱乐部并没有配备青年队，为保证联赛的健康、有序发展，充实后备人才培养渠道，在篮球管理中心的制度安排下，各俱乐部才相继建立二、三线后备队。制度安排的合理性不是我们在这里要讨论的，我们只是从俱乐部的特征来看其人才培养的目标。所谓俱乐部企业是从事生产竞赛、服务观众等经济活动，以营利为目的，实行自主经营、自负盈亏，并具有一定法律资格的经济组织形式。包括营利性、组织性和法律性三个特征。[①] 市场因素的介入就必然导致政府行为的弱化，俱乐部作为市场中的经济组织形式，追求自身利益最大化就成为其主要目标。进行后备人才培养也是俱乐部的一项经济活动，能培养出优秀的后备人才向本俱乐部一线队输送或交换到其他俱乐部，既可节省俱乐部的经费开支又可创造经济效益，这无疑就是俱乐部青年队培养的主要目标。而"奥运增光""全运增光"就只能转为次要目标了。

郑婕对 55 所高校进行调研，提出普通高校高水平运动队办队目标，见表 6-2。

表 6-2　普通高校高水平运动队办队目标　　　　　　　　　　($N = 55$)

目标	频数	%
奥运会和单项世界锦标赛	7	12.7
世界大学生运动会	30	53.5
亚洲级别比赛	5	9.1
国家级比赛、全运会、城运会	15	27.3
全国大学生运动会	39	70.9
省级比赛、省运会	17	30.9
省大学生运动会、市运会	25	45.5
校际间比赛	11	20.0

资料来源：郑婕. "体教结合"培养高水平竞技体育人才的研究 [D]. 北京：北京体育大学，2006.

从表 6-2 中可以看出大学培养竞技体育人才的主要目标是为各级大运会服务。这也许是受到《关于开展课余体育训练，提高学校体育运动技术水平的规划》(1986—2000 年)（以下简称《规划》）这个纲领性文件的影响。《规划》针对我国学校课余体育训练的整体而制定，也就是说它包括了大、中、小学课余体育训练的目标和任务，《规划》的阶段划分及主要竞技目标见表 6-3。

---

① 杨铁梨. 职业篮球市场论 [M]. 北京：北京体育大学出版社，2003.

表6-3 《规划》的阶段划分及主要竞技目标

	1986—1990年	1991—1995年	1996—2000年
主要竞技目标	在总结试点经验的基础上提出我国学校课余体育训练工作的途径和办法，培养一批高水平的学生运动员，为提高学校体育运动技术水平打下良好的基础。	使课余体育训练工作趋于系统化、规范化。使运动训练、科学研究的水平得到提高。运动技术水平达到或接近省级运动队的水平。能够承担参加世界中学生运动会的全部任务和世界大学生运动会的部分任务。	学校课余体育训练工作进一步完善，初步形成我国学校课余体育训练体系，成为国家体育运动训练的重要形式。学校体育运动技术达到国内先进水平。能够承担参加世界大学生运动会的主要任务。

《规划》从国家层面、宏观角度描绘了学校发展体育运动的目标，那高校篮球发展的实际目标是怎样的呢？我们来看看CUBA及"大超"的目标，这两项赛事能基本上反映目前高校篮球发展的现状。1998年推出的CUBA其目标定位在"发展高校篮球，培养篮球人才"。主要任务是普及和提高高校篮球水平，尝试培养高水平篮球后备人才。2004年推出的"大超"在目标上与CUBA联赛具有一定的趋同性，只是方法更直接、措施更具实效性，允许青年队队员参赛，在全面贯彻"育人为本"的基础上又突出了重点——培养"高素质、高水平"的竞技篮球后备人才。总的来看，转型期高校篮球人才培养的主要目标就是"提高篮球水平，培养篮球人才，完成参加世界大学生运动会的目标任务"。

教育系统的篮球传统项目学校以及体育后备人才试点中学的培养目标主要是围绕"提高篮球技术水平，为上一级训练形式输送优秀后备人才"，更为具体的目标就是原国家教委主任何东昌于1989年8月16日在全国培养体育运动后备人才试点中学座谈会上讲到的"在世界中学生运动会上走向世界"。体育系统的市（县）业余体校，虽然目前办学条件日趋艰难，规模在萎缩，但其培养目标由于体制锁定也未作大的调整，"培养与输送优秀篮球后备人才"是其主要目标，但输送的渠道有所变化，不只是往省市专业队输送，职业俱乐部和大学高水平运动队也是他们的输送方向。由于中学和业余体校是培养竞技篮球后备人才的初级形式，从培养活动的本质特征看，各培养管理主体把目标定位在"打基础、促普及，为上一级输送有潜质的后备人才"是合乎人才成长与培养规律的。

目前，社会办各类篮球学校或青少年篮球俱乐部作为培养活动的管理主体，其主要的管理目标也可概括为"培养与输送优秀篮球后备人才"。如成都篮球学校、秦皇岛篮球学校等几所篮球学校都在他们的招生简章中明确提出了这样的目标任务。原因在于：第一，在这一类培养形式中接受训练的基本是青少年学生，通过篮球专业训练，提高技术水平是培养活动的根本目标。第二，由于培养主体的社会化、产业化特征，如果不能向专业队、俱乐部、大学输送人才，就无法提高社会知名度，也无法吸引家长及学生的眼球，就会严重影响其生存与发展。第三，作为经济实体，该类培养形式不可能把普及篮球运动、追求社会效益作为主要目标。而通过培养并输送优秀人才，从而获取经济收益，这符合"经济人"的有限理性。

（二）转型期竞技篮球后备人才培养目标的特征与不足

考察转型期竞技篮球后备人才培养目标，具有以下几个特征：

（1）目标的统一性。转型期我国的根本宪政秩序没有大的变化，体育制度也仍然实行着"举国体制"，这就决定了竞技篮球后备人才培养的总目标和方向没有大的变化，国家政治意志仍强势体现在目标中。

（2）目标的多元化。目标多元化指的是：多个培养主体的不同目标和一个培养主体的多个目标。同一培养主体的目标多元化是由各培养主体的功能性所决定的。多个培养主体的目标多元化是由转型期竞技篮球后备人才培养主体的多极格局所决定的。随着篮球管理体制的改革与发展，社会与市场因素介入后备人才培养领域，竞技篮球后备人才培养多元利益格局形成，各个培养主体在市场运行中都会为追逐自身利益而制定相应的目标，由于各主体的经济属性不同，各种目标就不可能完全一致。

（3）目标的层级性。从整个竞技篮球后备人才培养体系来看，各培养主体不在同一层面上，纵向的目标结构体系就体现为高级、中级和初级之分，下一级目标为上一级目标服务。在一个培养主体的目标结构中，也存在主要目标与次要目标之分。如俱乐部青年队在为联赛目标奋斗时，不可能不树立为奥运增光的目标；在追求俱乐部经济效益的同时，也不会不考虑推广、普及篮球运动，创造一定的社会效益。

转型期竞技篮球后备人才培养目标，在实践运行中也存在一些不足：

（1）目标的执行力不强。一是制定的目标多为描述性的目标，具体的、定量化的目标少。如"提高竞技篮球水平，培养和输送优秀后备人才"这一目标，水平提高到什么程度？向哪一级输送？输送多少？由于没有具体的规定，在实践中就很难操作。二是正因为目标不甚明确，在对各培养主体的管理中就很难考评其绩效，目标的激励与约束功能得不到发挥。

（2）目标内容的维度单一。这是计划经济体制时后备人才培养中就存在的问题，在转型期仍没有得到完全解决。目标的制定与执行多是看篮球竞技能力达成情况，篮球的其他功能没有全面体现在目标内容中。

（3）目标体系耦合性不强。管理目标必须是一个可分解、可量化的目标体系。按时间划分，可分为长期目标、中期目标和近期目标。按体系结构划分，可分为总目标和分目标；按组织和个人关系划分，又可分为组织目标和个人目标。考察现行的目标结构体系，总体性并不强。在时间上，国家有长远规划的总目标，而次级组织则没有制定与之配套的具体分目标；在空间上，没有协调好体育目标与教育目标、竞技篮球发展目标与大众篮球发展目标、社会发展目标之间的关系，没有形成培养后备人才的合力；在效益上，多考虑政治效益和社会效益，较少考虑经济效益，且不太关注效率。

第三节 竞技篮球后备人才培养的动力机制

动力机制，提供和传输着社会、组织或系统运动、发展、变化的能源和能量，亦即动力。没有动力机制，社会、组织或系统就会像一潭死水或一台没有马达的机器，陷于僵化、停滞的状态。社会、组织或系统要保持平稳运行，必须要有适度的动力，所谓"适度"是指动力在向度（动力方向）和量度（动力大小、强弱程度）两个维度上既能较好地满足需要，又能较好地维持了社会、组织或系统的秩序。[①] 源于需要与满足两者之间具有不可分割性和需要永不满足的特性，马克思主义经典作家们认为动力来自人们的需要。

竞技篮球后备人才培养的运行也存在着一个为目标提供活力、激发与激励组织及其成员积极性的动力机制。按需要主体的三层次分，竞技篮球后备人才培养动力机制的动力主体可分为微观层次的运动员、教练员等个体，中观层次的体工队、体校、学校等群体，宏观层次的国家、社会。各个主体的需要都可以转化为推动竞技篮球后备人才培养运行的动力。但是，这个需要必须是合理的，即，首先，是与当时社会生产力发展水平相适应的需要；其次，是社会需要与个人需要互为手段、互为目的的有机统一；再次，是通过后备人才培养活动来满足的需要。从这里我们可以看出，竞技篮球后备人才培养动力的生成以及动力机制的运行与社会体制、社会结构和制度、意识形态等社会因素紧密相连。我国竞技篮球后备人才培养的动力机制在计划经济体制和市场经济体制下的运行就呈现出不同的特征。

一、计划经济时期竞技篮球后备人才培养的动力机制

从动力的结构看，国家既是动力发生主体，又是动力利用主体。在建国初期，由于：①生产力不发达，经济基础落后；②面临国际资本主义的包围和威胁；③为发展生产，急需凝聚人心、振奋民族精神，宣扬社会主义制度优越性。这样一些历史特点，决定了在新生的社会主义中国的体育领域优先发展竞技体育的战略。国家受政治需要的驱使，集中人力、财力、物力，利用行政手段，去实现竞技体育"为国增光"的目标。竞技篮球后备人才培养活动的运行方式呈现为：中小学传统校、业余体校向省（市）体校输送篮球后备人才，省（市）体校向各类体工队输送人才，体工队向国家队输送人才。一切都在计划指令下有序运行，国家控制着各级后备人才培养主体的人权、物权、事权，个体与集体的需要被强制统一在国家需要之内，与国家的动力方向保持一致，国家依靠精神激励、思想鼓动和政治热情去调动集体与个体的积极性。

从动力传导媒介看，政治利益是惟一可传导的，国家、集体和个人的利益关系是一种由上而下的"直线式"或自下而上的"服从式"纵向利益关系。强调个人

---
① 郑杭生，等. 社会运行导论 [M]. 北京：中国人民大学出版社，1993：375-377.

利益服从集体利益、集体利益服从国家利益，忽视了三者利益有时呈矩阵交叉关系；各竞技篮球后备人才培养组织、行业和地区之间几乎没有什么横向利益关系，只有内部的利益关系的存在，这些培养主体在对待后备人才培养时，呈现出一种十分被动的状态，只履行一种执行指令性命令或计划的职责。

从动力源的开发看，在国家主体的宏观层面，只考虑国家对竞技篮球后备人才培养的政治需要。在集体层面和个人层面，由于强调集体与个人需要必须服从国家需要，在国家计划保障下，在基本满足生产性需要和生存需要后，其他层次的需要，如交往需要、精神需要、民主需要、自我实现与发展的需要等，被人们自觉或不自觉地缩小或者根本就没有顾及，忽视集体与个体的物质利益需要，集体与个体的动力没有被激活。

事实证明，这种动力机制在计划经济时期为我国竞技篮球后备人才培养提供了运行的动力，这反映在那个时期我国竞技篮球水平的快速提高、篮球运动的广泛普及等方面。然而，持久的社会活动，必须建立在人们自觉地追求和满足其合理需要的基础上。正如邓小平所指出的："不讲多劳多得，不重视物质利益，对少数先进分子可以，对广大群众不行，一段时间可以，长期不行。如果只讲牺牲精神，不讲物质利益，那就是唯心论。"① 在长期计划经济体制下，竞技篮球后备人才培养的动力机制在实践运行中逐渐偏离了需要－行为规律，不自觉地犯了唯心主义错误。表现在：①把国家需要、社会需要与个人需要对立起来，以国家、社会需要取代运动员个人需要，竞技篮球后备人才个人全面发展的需要被忽视，只重视提高篮球竞技水平，牺牲文化学习和综合素质的培养；②把物质性需要与精神性需要割裂开来，片面强调精神性需要和进行精神激励，忽视物质性需要和给予必要的物质激励；③片面强调为国争光的义务，忽视运动员个人价值的实现。在这种错误的影响下，形成了一个漠视运动员个体需要和利益、以禁欲主义、非经济手段（行政的、集权的、强制的手段）培养竞技篮球后备人才的培养模式和管理体制。

二、转型期竞技篮球后备人才培养的动力机制

转型期，篮球作为社会条件较好的项目优先进入社会化、产业化、协会实体化改革行列，致使竞技篮球后备人才培养的动力机制也发生了大的变革，逐渐与市场经济相适应。

从动力的结构主体看，国家既不是惟一的动力发生主体，也不是惟一的动力利用主体。竞技篮球的政治需要一定程度上有所淡化，国家不再利用行政手段、指令性计划来控制竞技篮球后备人才的培养，而是在国家宏观调控下，开始发挥市场分配、利用资源的优势，推进后备人才的培养。伴随人权、事权、物权的下放，从事竞技篮球后备人才培养的集体和运动员个体的多种需要在一定程度上得以体现，俱乐部、部队和行业、体校、高校、中学等竞技篮球后备人才培养主体不仅成为动力

---

① 《邓小平文选》第二卷. 北京：人民出版社，1994（10）：136.

发生主体，也在很大程度上成为自身动力利用主体。运动员个体需要通过转化不仅供国家、集体利用，也可被自己利用。如，运动员通过培养，提高了篮球竞技能力，贮存了动力，不仅在合适的时候可以为国家、为地方、为部门满足竞技需要，争取利益，也可以进入职业队满足自身职业需要和一定的物质需要，还可进入高校满足教育需要和后职业发展需要。教练员与运动员认为参加篮球训练的动力情况见表6－4、表6－5。运动员参加训练发展意向见表6－6。

表6－4　教练员认为青少年从事训练的动力调查　　　　　　$N=71$人

选项	频数	%
个人发展需要	45	63.38
集体需要	9	12.68
国家与社会需要	38	53.52
个人、集体与国家需要集合	57	80.28
其他	7	9.86

表6－5　运动员参加训练动机调查　　　　　　$N=314$人

选项	频数	%
个人爱好	254	80.89
家庭影响与支持	217	69.11
为国家、社会服务	15	4.78
获取高报酬和奖金	67	21.34
职业成就感	106	33.76
好的发展预期	93	29.62
其他	28	8.92

表6－6　运动员参加训练发展意向调查　　　　　　$N=314$人

选项	频数	%
成为职业运动员	156	49.68
作为特长，借此上大学	219	69.75
培养业余爱好，服务社会	48	15.29
其他	6	1.91

从动力的中介——利益传导看，第一，利益结构的多元化与复杂化，使利益传导多向发展。转型期竞技篮球后备人才培养形式多样化，出现了属于体育部门的利益主体，属于教育部门的利益主体，以及属于社会、部队、行业等部门的利益主体。由于各种形式的培养主体都有自己的需要，这些需要既相互联系又相互区别，从而使得培养主体的需要结构呈现出多元发展和更加复杂化的格局。第二，由于社会与市场因素的介入，国家影响弱化，原纵向"服从式"的利益关系逐渐向横向网络式利益关系转化，集体利益得到强化。但是，在经济体制转轨时期，我国竞技体育的性质并没有变，而且，竞技篮球后备人才培养主体的自主权、经济、法律地

位的平等关系还没有很好地形成，因此，现阶段中国竞技篮球后备人才培养的利益结构在很大程度上还是靠国家行政权力从外部进行控制。以国家为首要利益主体的纵向利益关系依然存在，仍然在影响着横向利用关系的形成。第三，物质利益传导开始活跃，整体利益开始向个体利益过渡。一方面，市场经济体制下，竞技篮球后备人才培养主体受市场逻辑的影响，追逐政治利益的需要开始弱化，逐步回归到以追逐物质利益为目的的现实之中。值得注意的是，现阶段国家这个利益主体虽然开始追求后备人才培养的物质利益，但追求政治利益仍然放在重要的位置。这与计划经济的惯性，我们一直在坚持的竞技体育"举国体制""奥运争光计划"和目前社会基础条件有关。另一方面，由于培养重心下移和主体性增强，个体利益日渐被重视。在"以人为本""全面、和谐、可持续"的科学发展观的引领下，开始给予竞技篮球后备人才以人文关怀，关心和爱护后备人才的成长，创造条件和氛围满足其全面发展的需要。

从动力源的开发看，在国家主体的宏观层面，不再片面强调政治需要是国家对竞技篮球后备人才培养的"优势需求"[①]，教育需要、发展需要、文化需要等合理需要得以开发。在集体主体的中观层面，由于竞技篮球后备人才培养形式的多样性，需要体现出了多样性和层次性。省市体工队培养后备人才在追求社会效益的同时，也开始追求物质利益、地方利益、行业或部门利益；俱乐部培养后备人才的经济利益需要、联赛发展需要、成绩目标需要、普及与推广需要等合理需要得到开发；高校办高水平篮球队不仅是"提高运动水平，输送优秀人才，拓宽后备人才培养途径"，建设校园文化、普及篮球运动、提供体育体验、提高学校知名度等现实需要成为推进高校办队的动力。笔者认为，在我国生产力发展水平还不能满足个人自由而全面发展需要的时候，作为培养竞技篮球后备人才中观层面的主体，其现实需要的开发与满足对整个竞技篮球后备人才培养的动力系统是最为紧要的。在个体主体的微观层面，生存与安全需要得以满足后，其他如精神需要、归属与交往需要、尊重与自我发展需要等合理需要得到开发，运动员个体的现实需要得到重视，成为积极投身训练、竞赛的动力。

从动力方向看，由于国家仍然是竞技篮球后备人才培养的高层主体，政治利益也依然居于重要位置，所以，国家需要依然是整合集体与个体需要的标准。转型期竞技篮球后备人才培养的集体主体与个体主体的多样性需要，在国家通过激励手段、利益手段、文化手段的引导下，基本保持与国家需要的方向一致。

---

① "优势需要"是马斯洛提出的。他认为他提出的几个层次的需要中，总有某个层次的需要是个体在当时条件下急需满足的，它比其他层次的需要表现得更为强烈和迫切，那么该层次的需要就是优势需要。

第四节　竞技篮球后备人才培养的整合机制

整合具有调解、调整、团结、融合、同化、趋同、吸引、同一等多重含义。所谓整合机制，就是能够协调各种因素共同发挥作用的稳定的关系模式与活动力量。整合机制由整合对象、整合中心、整合过程三部分组成。

利益是人类社会整合的最基本对象。马克思说过"人们奋斗所争取的一切，都同他们的利益有关。"① 而物质利益是利益结构中的核心内容，因为人们的一切活动"首先是为了经济利益而进行的，政治权力不过是用来实现经济利益的手段。"② 在《中国大百科全书》哲学卷中，利益被解释为"人们通过社会关系表现出来的不同的需要"。"利益是需要主体以一定的社会关系为中介，以社会实践为手段，使需要主体与需要对象之间矛盾状态得到克服，即需要的满足"。③ 前面论述过，动力源于需要，同样，利益也源于需要，需要经过社会关系的折射，便过渡、形成利益，成为推动社会发展的第二动力。在社会共同体中，存在着个体、集体、国家三大主体，对应着个人、集体、国家三层次利益，三者围绕某一共同目标可能会形成共同利益；也可能由于社会分工、社会地位的不同而产生特殊利益。在社会财富总量一定、资源禀赋一定、人口总量一定的情况下，经济资源的稀缺性和社会财富的有限性与人口数量和人们需要不断增长的矛盾，使得利益冲突成为常态。利益冲突是各种形式的社会冲突的根本原因，具有正负效应，它可能是生产力发展的重要杠杆，也可能是经济衰退和社会不稳定的直接原因。④ 因此，在充分发挥利益的动力机制作用的同时，启动利益整合机制，克服利益冲突的负面影响，推进社会和谐发展具有重要意义。

社会整合机制是一种相对社会结构而言的动态的关系模式与活动力量的总称，相对于社会结构的某一部分、某种功能而言，有其对应的某种具体的整合机制。竞技篮球后备人才培养的整合机制就是相对于竞技篮球后备人才培养体系结构而言的，由于在不同的经济体制下，竞技篮球后备人才培养体系结构表现出不同的特点，因此，其整合机制也表现出不同的运行特征。

一、计划经济时期竞技篮球后备人才培养的整合机制

在计划经济时期，我国是一个低分化、高整合的社会，"计划社会是以总体控制资源为核心，通过行政体系进行全方位控制的社会整合机制"。⑤ 在竞技体育领域实行的是与计划经济体制相适应的"举国体制"，由于计划经济在分配资源的手

---

① 《马克思恩格斯全集》第1卷，北京：人民出版社，1956：82.
② 《马克思恩格斯全集》第4卷，北京：人民出版社，1995：250.
③ 王伟光等．社会利益论 [M]．北京：人民出版社，1988：68.
④ 柳新元．利益冲突与制度变迁 [M]．武汉：武汉大学出版社，2002：9-14.
⑤ 孙立平．转型与断裂：改革以来中国社会结构的变迁 [M]．北京：清华大学出版社，2004.

段、方式上的单一性，竞技篮球后备人才培养的整合机制在运作过程中也就显得简单、刚性，构成了一种"行政控制－强制服从"的整合机制。这种整合机制是严密的、细致的，也是高效率的。这种严密的整合机制在竞技篮球后备人才培养过程中形成了高度的纪律与有序。

从整合对象看，强调个人利益服从集体利益、集体利益服从国家利益，国家利益是竞技篮球后备人才培养最高的、惟一的利益表现。只有国家才拥有资源的分配权，进入各级专业体校、体工队、国家青年队的运动员就成为国家工作人员，拿等级工资，实行"大锅饭"、平均主义、统一的分配制度，消除不同主体之间的利益差别，如省体校、市体校、体工队等培养组织都是国家事业单位，为共同的利益服务，没有部门、行业、地方之间的利益差别。通过强制性的整合方式，实现利益的高度一致性和统一性。

从整合中心看，"举国体制"的实行，使得国家管理体育事业的体育行政部门——国家体委成为唯一的政治权力整合中心。所有竞技篮球后备人才培养的计划、指令、资源分配方法、人才输送方式、竞赛与训练管理条例都由国家体委发布，再经各级地方、行业、部队设置的体育行政部门往下贯彻、实施。以"为国增光"作为整合各级培养组织的意识形态中心，通过思想政治教育、舆论宣传等方式，把"提高运动技术水平，培养人才，为国增光"描绘成唯一合理的、有普遍意义的思想，并将其转化为培养组织、个体的行为目标和自觉行为。以各种计划和指令作为整合各级、各类竞技篮球后备人才培养组织和运动员个体的规范中心。

从整合过程看，主要是国家在宏观层面采取自上而下的整合。以国家意志确立竞技篮球后备人才培养的整合中心，通过国家计划和指令强制各级培养主体认同国家政治需要，确保了整合中心的一元性。

计划经济时期竞技篮球后备人才培养的整合机制，由于是在一种行政的、高度集权的、强制的体育管理体制下运行，整合的效率相当高，整个竞技篮球后备人才培养体系是完整、有序的。但是，整合机制在运行中也存在一些不足，整合过程中否认利益差别，过分强调国家利益，以国家利益统摄集团与个人利益；只注意了整合中心的一元性和强制性特点，没有重视整合中心的包容性；整合过程只从国家宏观角度考虑，进行"自上而下"单向度的强制整合，没有由下而上的微观整合及横向利益整合过程。整合后的"合力"并没有形成推进竞技篮球后备人才培养运行机制的活力，反而出现了"合力"与活力的二律背反。[①] 表现在：①在培养主体的所有制关系上，只有一种建立在公有制基础上，国家统包、统管的专业队培养形式，其他所有制性质的培养形式被视为异端，而这并没有增强各竞技篮球后备人才培养主体的主人翁意识和责任感，反而加剧了培养主体对公有制财产不关心和优越感，出现人才资源浪费现象；②在竞技篮球管理体制上，实行高度集中的指令性计

---

① "二律背反"是德国古典唯心主义哲学家康德的哲学术语。其含义是：人的认识能力是有限的，一旦理性运用知识范畴去规定世界，便会陷入不可解决的矛盾。

划，竞技篮球后备人才培养的一切活动，全由国家统一安排、计划和调动，不仅没有增强竞技篮球后备人才培养集体主体和个人主体积极训练的活力，反而抑制了集体主体的主动性和个人主体的自主性；③在分配关系上，实行统一的分配制度，经济收入、物质待遇等方面无显著差异，不仅没有激发主体从事人才培养的积极性，反倒滋长了"等、靠、要"的消极思想；等等。这样一些深刻的二律背反，向我们提出在竞技篮球后备人才培养过程中不能回避的、值得深思的问题：以否认利益差别、利益矛盾和利益主体的独立性、多样性所形成的利益一致性"合力"，究竟是有助于推动竞技篮球后备人才培养，还是相反？推动竞技篮球后备人才培养运行机制良性发展的合力、合力的构成、合力构成因素之间的关系应该是怎样的呢？

二、转型期竞技篮球后备人才培养的整合机制

组织的整合机制相对应于组织结构，一种新的组织结构的形成呼唤一种新的整合机制与之相适应。经过近30年的改革，我国竞技篮球后备人才培养体系的结构因素发生了大的调整，整合机制也就体现出新的运行特征。

从整合对象看，由于竞技篮球后备人才培养主体的多元化，不同主体产生的不同的利益追求，使利益结构发生了较大的转变。纵向看，国家利益发生变迁，由"政治挂帅"，单纯追求竞技篮球培养的社会、政治功能，向以追求社会共同利益为主，兼顾竞技篮球后备人才培养多元利益需求的方向转化，国家利益结构呈现多样化；集体层面，转型期拓展的多种培养模式由于所有制性质不同，都有自己的特殊利益，利益追求与国家利益在有些方面保持一致，但也存在着利益差别，所以，在利益整合中，既强调不同培养主体多样化利益追求与国家利益保持一致，又承认不同培养主体追求特殊利益的合理性；个体层面，由于后备人才培养包含初级、中级两个训练层次，而且，在初级、中级层次中又包含不同性质的培养主体。另外，人的需要还有随社会演进不断发展的特性，以及在不同训练层次、不同培养形式中的运动员个体会有不同的利益需求，所以，转型期个体层面的利益结构非常复杂，在利益整合中，一方面，通过思想教育、舆论宣传，积极引导个体利益追求与国家利益、集体利益合辙，另一方面，又在既定的国情实际和具体制度安排下，允许个体追求自己的合理利益。横向看，在集体层面，存在多种所有制性质的培养主体，在市场经济中进行利益博弈时，追求自身利益最大化是其必然的行为逻辑，并且在逐利活动中还存在一定的"投机倾向"[①]，在社会资源禀赋一定、社会财富总量一定的情况下，各培养主体之间的利益冲突就不可避免。如，体育系统、教育系统与社会部门三种性质不同培养主体之间就存在争夺竞赛资源、赞助资源、人才资源、

---

① "投机倾向"是对主体追求自身利益最大化的补充，进一步说明主体追求自身利益的动机是强烈的，同时行为是复杂的，既可以采取正当的和合法的手段，也可以采取不正当的和非法的手段。"投机倾向"就是指主体具有一些借助不正当手段谋取自身利益的机会主义行为倾向。如虚报年龄、"以大打小"、借人或替人异地参赛等行为。

媒体资源等方面的矛盾。因此，在进行横向利益整合时，一是加强国家宏观调控力度，贯彻公平对待原则；二是发挥市场机制作用，有效、合理地配置资源；三是利用各种制度，促使各培养主体利益均衡，克服利益冲突，有序竞争，协同发展。

从整合中心看，国家培养竞技篮球后备人才的政治需要不再是整合中心这个统一体中的唯一内容，物质需要、社会发展需要、文化发展需要等也成为必要内容。在确立整合中心一元性的前提下，开始包容竞技篮球后备人才不同培养主体和个体与整合中心不相一致的利益追求、行为规范、价值取向等。

从整合的过程看，仍然以自上而下的整合为主，但自下而上的信息反馈开始发挥作用。整合方式仍然以强制性整合为主，但认同性整合和互补性整合也开始发挥整合功能。而且，在市场经济中，开始利用系统、组织的"自组织"能力来进行结构和功能的整合，如俱乐部与地方体委联合建队方式、体校与教育系统的重点中学或企业联合办队方式、高校高水平篮球队的多种办队方式等，就是各种组织、系统相互之间进行物质、信息、能量交换的结果。

转型期竞技篮球后备人才培养的整合机制较计划经济时期有了很多转变：①在承认利益差别的前提下，强调利益的一致性，不再是以片面强调利益一致性为前提的利益抹平，打破了高度统一、一元化的利益格局；②增强了利益主体的独立性，各培养主体逐渐摆脱国家依附，形成了较为清晰的利益边界；③利益主体呈现出开放性特征，各培养主体之间的交流、联合、竞争和协同加强；④整合过程不再是自上而下的一维利益控制，开始尊重主体的自主性和独立性，发挥主体的能动作用；⑤利用市场机制，引导有序竞争，使利益差别及由此造成的利益冲突发挥应有的动力作用。使得在转型期竞技篮球后备人才培养主体日趋多元化、培养形式日益多样化，整个竞技篮球后备人才培养体系焕发出新的活力。但也正由于培养主体的多元化以及利益结构的多样化，使得整合的对象和过程更趋复杂，整合中心也由于目标的动态变化和价值取向的多向度而难以确立，整合机制的运行还存在一些问题：①各培养主体由于主体地位和利益边界还不十分清晰，也就无法合理地表达其利益诉求，在市场竞争中利益冲突显性化，影响了培养效率；②由于横向利益集团的利益分化加剧，整合的手段和方式还欠丰富，不能很好地促进不同利益主体相互补充和相互协调；③整合机制的运行还跟不上市场经济运行的节奏，国家调控的力度与市场机制作用的发挥没有达到最佳结合点；④由于集体利益和个体利益还没有得到足够重视，使得集体和个体在认同国家利益时出现阻滞现象，抑制了培养主体的积极性和活力。

第五节　竞技篮球后备人才培养的激励机制

激励在《汉语大词典》中有两种释义：一是激发与鼓励；二是斥责与训导。①在组织行为学中，激励主要是指"激发人的动机，使人有一股内在的动力，朝向所期望的目标前进的心理活动过程"；②在人力资源管理中，激励是指"激发人的内在潜力，开发人的能力，充分发挥人的积极性和创造性"；③在管理中，激励就是管理者根据其成员的个性特征，运用适当而有效的方法，激发组织成员的工作动机和行为的过程。管理学中的行为学派都不同程度地强调激励对于组织管理的作用，形成了众多的激励理论。如：马斯洛的需要层次理论强调对成员多种层次需求的满足；赫茨伯格的双因素理论强调对保健因素和激励因素的同等重视；公平理论强调激励过程中的报酬公平性；期望理论重视在激励过程中人们的预期和期望概率对激励效果的影响。④

从上述激励的定义及激励理论中可看出，管理激励的核心是激发人们的动机以及改造行为。社会运行的激励机制是指社会有机系统为引导其成员的行为方式和价值观念，按设定的标准和程序将社会资源分配给其成员或群体，以实现其认同的社会目标的作用过程和作用原理。简言之，激励机制就是组织或系统引导其成员行为方式和价值观念的过程。⑤从结构上分析，激励机制包含激励标准、激励手段和激励过程三个要素。

在竞技篮球后备人才培养中，由于人才培养的长期性、公益性特征，要充分激发培养主体和个体的积极性、创造力和潜力，增强其为中国篮球运动目标服务的使命感、责任感的行为动机，没有有效的激励及良性运行的激励机制是不可能的。审视我国竞技篮球后备人才培养激励机制历史与现实的得失，不难发现，这些得失与不同的经济体制背景是密不可分的。

一、计划经济时期竞技篮球后备人才培养的激励机制

从激励标准看，计划经济时期，"举国体制"是我国体育管理体制的具体制度安排，竞技篮球后备人才培养活动也被锁定在这一体制之下。各级人才培养集体及运动员个体都为一个总的目标服务，即"提高竞技篮球水平，培养与输送优秀后备人才"。在这样的既定目标下，一系列与此目标相符的后备人才培养行为和价值追求就被确立为激励标准。具体就是以向上一级训练单位输送多少后备人才、在青少年篮球比赛中取得优异成绩作为评判的主要标准，并进行激励。以"为集体和

---

① 《汉语大词典》（第六卷），北京：汉语大词典出版社，1990：174.
② 孙彤. 组织行为学 [M]. 北京：中国物资出版社，1986：5-11.
③ 于子民. 人力资源管理 [M]. 北京：群众出版社，1987：2-4.
④ 席恒. 公与私——公共事业管理运行机制研究 [M]. 北京：商务印书馆，2003：336.
⑤ 郑杭生，等. 社会运行导论 [M]. 北京：中国人民大学出版社，1993：411.

国家争荣誉、做贡献"作为激励的方向；以输送人才的多少、向哪一级输送、在青少年比赛中取得成绩的优劣作为确定激励量的规定，即激励的强度，确定给予何种褒奖及分配多少社会资源。

从激励手段看，在人力资源管理中，工作中的激励可以通过两种途径产生。首先，人们通过寻求、发现和完成能满足所需或至少能引导他们去憧憬目标的工作，来激励自己。其次，人们能从管理当局得到诸如金钱、升职、表扬等的激励方法。可以描述为内在激励和外在激励两种类型。而从社会资源的物质与精神属性来看，又可把激励手段分为功利型和符号型。内在激励与符号型相对应，外在激励与功利型相对应。计划经济时期，一方面，由于我国在各项事业中都倡导努力工作、无私奉献的精神，在体育这一公共事业领域更是通过"公益人"文化塑造来强化人们的使命感和责任感；另一方面，由于当时生产力落后，经济基础很差，社会资源总量匮乏。所以，主要是采用符号型的内在激励手段，突出精神激励的作用，忽视物质激励。

从激励的过程看，国家通过社会舆论、政治舆论，以及制定的一系列具体的关于竞技篮球后备人才培养的规制，将国家激励标准向培养主体传导，内化为培养主体的行为规范。根据主体的培养效果及运动员个人的成就来进行社会资源分配，如评定优秀培养与输送单位、优秀教练员、优秀运动员、运动等级等，给予相应的荣誉称号、表扬、嘉奖等精神性激励，还有优秀运动员由下一级训练单位升至上一级训练单位的成就激励。相应地也给予一定的物质性激励，培养成绩突出的集体会获得较多的财政支持，成绩优异的运动员可能会获得工资晋级或福利增加等激励，但物质性激励的强度不大。

计划经济时期竞技篮球后备人才培养的激励机制在当时曾有效激发了竞技篮球后备人才培养各主体的积极性，在二十世纪五六十年代，竞技篮球后备人才三级训练体系完整，部队和行业体协也积极进行篮球后备人才培养工作，"篮球之乡""篮球之校"遍及全国，涌现了钱澄海、杨伯镛等一批优秀运动员。但由于社会制度和时代条件的限制，激励机制还存在明显的不足：①由于竞技篮球后备人才培养目标的单一，激励标准维度也是单一的，只在竞技能力方面、在思想品德方面制定了一些评价标准，而运动员个体的文化获得、个性发展等被忽视；②激励手段只是"激励束"，不是能满足人们多元需求的"激励集"，过分注重精神激励，物质激励就被忽视；③激励方向的认同具有强制性，竞技篮球后备人才的培养目标没有很好地内化为培养主体的行为准则和评判标准；④由于实行的是"大锅饭"、平均主义分配原则，抑制了培养主体的积极性和创造性，没有充分激发竞技篮球后备人才培养主体的活力和潜力。

二、转型期竞技篮球后备人才培养的激励机制

转型期，由于后备人才培养主体的多元化发展，不同管理主体在实施激励时体现出了不同于计划经济时期的特征。

从激励标准看，虽然我国体育制度和竞技体育的总目标未作根本性的改变，竞技篮球后备人才培养的激励方向仍然是"培养与输送优秀后备人才"。但由于培养主体所有制性质的改变，各培养主体管理目标的变化，培养主体的行为方式和价值观念更丰富、更复杂，所以，激励标准的包容度更大。如，俱乐部二三线队伍人才培养的具体激励标准主要是看培养主体向俱乐部一线队输送了多少职业运动员及取得的竞赛成绩。

从激励手段看：①由于社会资源总量的增加，激励手段日益丰富，且主要体现在物质激励方面；②注重精神激励的同时开始向注重物质激励转变，1979年经国务院批准通过的运动员体育津贴制和教练员的技术补贴制，以及随后颁布执行的《优秀运动员奖励试行办法实施细则》和《专职教练员奖励办法实施细则》都体现了这一点；③不同的培养主体，采取的激励手段各有侧重；如职业篮球俱乐部青年队与大学高水平篮球队，俱乐部主要采用物质激励及签约为职业运动员的成就激励，而大学主要采用的是精神激励及相应的学术成就激励。不同性质的培养主体激励的强度也不尽相同，如俱乐部青年队与省市体校篮球队在物质激励方面就有较大差距，见表6-7。

表6-7 俱乐部青年队与省市体校篮球队对奖励标准认可程度比较

	合理		不合理	
	人数	百分比（%）	人数	百分比（%）
俱乐部青年队（$N=40$）	32	80.0	8	20.0
省市体校篮球队（$N=20$）	7	35.5	13	65.5

从激励过程看，国家出于社会公共利益考虑，加强了制度和舆论的传导，引导培养主体的行为方式和价值观念与社会发展总目标一致。但由于培养活动的社会化和产业化，国家对人才培养绩效的制度化检测和评判减弱，市场选择和舆论检测发挥着积极的作用。国家加强了宏观调控，调整竞技篮球后备人才培养整体布局，在培养过程前、过程中和过程后，对重点地域、重点形式、重点单位进行重点激励，分配较多的社会资源；其他的则主要依托市场和社会进行激励。

转型期激励机制表现出以下一些特征。第一，激励标准的维度较计划经济时期宽泛，注意了后备人才综合素质的培养、提高，倡导青少年全面发展。第二，激励手段更丰富，更注重培养主体的实际需要。激励机制发挥作用很关键的一点就是要满足培养主体的实际需要，这样才能充分激发其积极性和创造力。由于生产力水平的提高，社会物质财富和精神财富快速增加，可用于激励的社会资源，从量和形式来说，都较计划经济时期更充足。第三，由注重精神激励向注重物质激励转变。这是转型期激励机制在手段上最明显的变化，对培养集体和个体主要采用物质激励或能间接带来物质需求满足的精神激励，如奖金、实物、升学、签约为职业运动员等。第四，国家作为激励的责任与实施主体职能分化。一方面，宏观上，由于社会转型，国家对社会资源的所有权与分配权向下分化，体育系统内，国家体育总局的权限向项目中心及地方、部门分权；另一方面，由于体育社会化、产业化改革，竞技篮球后备人才培养形式呈多样化态势，各种类型的培养主体拥有一定的权限，所以，国家不再是对人才培养集体与个体进行激励的惟一责任与实施主体，其他社会组织、系统、个人也自愿、半自愿地成为对培养主体进行激励的管理主体。转型期竞技篮球后备人才培养激励机制在发挥激励功能的同时，在运行中也存在一些不足。第一，过分偏重物质激励，否认精神激励的作用。原因之一，可能是激励的责任与实施主体在认识上存在偏差，认为计划经济时期培养主体积极性不高是因为主要采用精神激励，认为在市场经济体制下，物质利益是各培养主体的惟一需求，物质激励是惟一有效和直接的手段，放松了思想品德教育；原因之二，可能是培养主体在市场经济冲击下，在意识形态上也发生了变化，物欲膨胀，自身需求的方向没有与国家利益保持协调一致。第二，激励标准不统一，不同培养主体激励方向与激励强度存在差异。由于培养主体多元化发展，国家控制力减弱，不同的培养主体根据自己发展的目标和掌握的资源进行激励，从而造成较大差异。如在对个体激励上，俱乐部青年队主要是以工资、奖金、签约为职业运动员等作为物质形式的激励；而学校系统则主要是以优惠升学、降低学术要求等内容进行激励；第三，文化学习与综合素质培养没有作为必要的内容纳入激励前的绩效评判中，仍然过分注重对提高篮球竞技能力和取得优异成绩进行激励。

第六节　竞技篮球后备人才培养的控制机制

竞技篮球后备人才培养体系要保持协调、有序运行，需要一系列的手段将培养集体和个体的行为限制在一定范围之内，使之目标一致。其控制机制是指将竞技篮球后备人才培养主体的行为限制在既定目标要求的范围内。在微观层次上，控制机制的功能就是为运动员个体提供合乎培养目标的价值观念和行为模式，制约和指导个体的行为；在中观层次上，控制机制的功能就是规定各培养主体的责、权、利，限制各培养主体的利益竞争在一定范围内进行，调适各培养主体间的关系；在宏观层次上，控制机制的功能就是协调竞技篮球后备人才培养体系与社会其他系统之间的关系，使之相互耦合，相互配套，协调发展。竞技篮球后备人才培养的控制机制是由多因素构成的，从结构上看，控制机制包括三部分，即控制手段、控制对象和控制过程，其中控制手段有包括组织的、制度的和文化的控制手段。下面，我们就试从这三部分来解析计划经济时期和转型期我国竞技篮球后备人才培养控制机制的特质。

一、计划经济时期竞技篮球后备人才培养的控制机制

从控制手段看，对培养集体的控制主要采用制度手段。根据国家相关法规制度，以及国家体育主管部门和相关职能部门制定的一系列制度，约束着各级体工队、体校、学校等培养主体的行为，使之严格按照国家计划指令进行人才培养。

如，原国家体委于1961年颁布试行的《运动队伍工作条例》，就明确规定了运动队建设、思想教育等方面的工作范围。对培养个体主要是采用制度的、组织的和文化的手段进行综合控制，制度依据的主要是国家颁布的有关法规制度，以及具体的一系列有关竞技篮球后备人才培养的制度；由于我国行政管理的组织同构特点，个人对单位组织的人身依附，组织控制成为对运动员行为控制最主要的手段，运动员的训练、竞赛、学习、生活、思想教育等内容全部由各级体委和学校负责管理，这些单位组织是国家行政组织的延伸，代理国家行使行政管理权，严格控制着组织内各个成员的行为；另外，国家通过舆论宣传，引导运动员服从国家、组织的纪律，一切行动听从国家、组织的安排，使得个人的行为规范和价值追求都与国家、集体保持高度的一致。

从控制对象看，微观层次上的控制对象是运动员的价值观念和行为。由于计划经济时期制度、组织、文化的政治化，以及单位组织的强控制，运动员个体的思想和行为的自由度较小。中观层次上的控制对象是各级培养单位间的利益关系。计划经济时期，竞技篮球后备人才培养组织形式主要是体育系统的省市专业体校、业余体校，以及行业、部队的青少年队伍，组织形式较少，而且，各培养组织的管理主体之间具有行政上的隶属关系，培养组织根据计划有固定的资源与权限，因此，依靠行政管理制度就很好地控制着各培养组织间的利益关系和组织的行为。宏观层次上的控制对象是竞技篮球后备人才培养系统与社会其他系统的关系。计划经济时期各系统的运行都是在计划调控下进行，根据国家计划发展什么，不发展什么，各系统在计划指令下独自运行，相互之间没有过多的交互作用，体委与教委、行业和部队体协在培养竞技篮球后备人才这方面的利益关系没有直接的冲突。

从控制过程看，是一种自上而下的决策和分级控制。由国家和集体对控制的方向和力度做出具体的规定，然后，依靠行政手段自上而下对各级培养集体和运动员个体进行监管，制约其行为及彼此间的利益关系。

计划经济时期竞技篮球后备人才培养的控制机制表现出的特征体现在：第一，国家对培养集体与个体的超强控制。国家通过行政手段控制着培养集体的人权、事权、财权，培养集体的目标任务、人员编制、伙食标准、招生与输送等各方面的工作都在计划指令下进行；培养集体再通过非经济手段控制着个人的行为，对训练、竞赛、思想教育、文化学习、医疗保障等进行监管。第二，培养集体以"单位制度"[①]对个体的强控制。各级后备人才培养单位实际上是国家体育行政管理组织的延伸，具有行政功能、专业功能、广泛的社会功能和有效的整合功能。[②]正由于培养单位具有这些功能，使得个人在各方面对单位形成依附，后备人才培养单位在执

---

① 在高度集中的计划经济体制下，单位以行政关系为纽带，以"单位"调整利益分配，构成了政治、经济和社会体制的组织基础，形成了独特的社会原子结构，即"单位制度"。
② 杨俊一，等. 制度哲学导论－制度变迁与社会发展[M]. 上海：上海大学出版社，2005：296－298.

行体现国家政治意图的计划中对个体施行高度的组织化控制。这样依靠国家的制度和组织的功能对竞技篮球后备人才培养集体和个体的控制是相当高效的，在计划经济时期后备人才培养体系中的失范行为很少。但这种控制机制在运行中，也体现出管得过多、过死的弊端，制度控制手段和组织控制手段都是刚性太强，弹性不够。致使培养主体的行为过于保守，缺乏创新；意识形态划一，思想僵化。

二、转型期竞技篮球后备人才培养的控制机制

从控制手段看，自改革开放以来，国家加强了法制建设，强调依法行政。有关竞技篮球后备人才培养的法规政策也不断出台，如：1991年7月原国家体委、国家教委发布了《体育运动学校办校暂行规定》和《体育运动学校学生学籍管理办法》，对体校的任务、目的、学制、文化教学、训练与竞赛、物质保证、组织领导与管理等方面，以及运动员的入学、升学、考核、奖励与处分都做了较为明确的规定。随着《中华人民共和国体育法》（1995）的颁布实行，体育领域内的法规政策和保障规范的建设也在不断完善中。1999年6月国家体育总局发布的《关于加快体育俱乐部发展和加强体育俱乐部管理的意见》中，就明确规定了要对各种性质的体育俱乐部加强监督和管理。各种培养组织都在根据国家的有关法规制度不断完善组织规章制度的建设，加强对组织自身和组织内成员的有效控制。随着社会的发展、文化的发展，文化得以广泛传播，社会舆论、信仰、价值观念、伦理道德等也在更宽泛的范围内影响和控制着竞技篮球后备人才培养主体的行为和价值追求。

从控制对象看，微观层次上的个体利益需求日趋多样化，个体的行为方式和价值观念更为复杂，控制的范围也就要求更宽、更具体。中观层次上的培养集体日益多元化，各种形式间的利益冲突开始显性化，协调各培养主体间的利益关系就成为控制的重点。宏观层次上的竞技篮球后备人才培养体系要和谐、可持续发展，就必须与社会其他系统协调运行，相互耦合，这就需要控制竞技篮球后备人才培养的速度、规模、资源获取与利用的方式等，处理好与其他系统发展的关系。竞技篮球后备人才是正处在生长发育高峰期的青少年运动员，在"以人为本"的科学发展观指导下，要使青少年全面发展成为可能，尤其必须协调好竞技体育与教育发展的关系问题。

从控制过程看，由于我国体育管理体制的扁平化改革，以及竞技篮球后备人才培养集体的多元化发展，在自上而下控制的基础上，横向间的相互竞争、相互制约的作用关系开始加强。市场机制在协调不同培养集体间的利益关系中开始发挥重要作用。

转型期竞技篮球后备人才培养的控制机制的特征主要体现在如下方面。第一，政策法规和标准规范更为健全，控制手段更丰富、更具体，并且在法制化建设的过程中，也体现出民主化倾向，就是在各种规制中，体现着对人才培养的人文关怀，培养主体的自由度较计划经济时期大得多。第二，由于政府行政职能的转换，再加上人们对组织的依附性下降，组织的控制能力减弱了。目前的省市专业运动队控制

的资源减少了，其对成员的控制力就自然减弱；而俱乐部、社会性质的后备人才培养形式主要按市场方式管理，通过契约和市场竞争来进行控制；第三，转型过程中，出现了多种性质的培养形式，协调不同培养集体间的利益关系，规范不同培养集体间的行为边界，是控制机制的新特点。从整体上看，转型期竞技篮球后备人才培养的控制机制在运行中还处于正常态，但其间也出现了一些失范现象，如"以大打小"、虚报年龄、人才交流暗箱操作等，暴露出控制机制在运行中的一些不足：第一，法制建设加强了，但由于培养形式的变化，以及培养主体利益需求的不断发展，制度控制还存在一些真空地带，各项规制还有待进一步完善；第二，由于竞技篮球后备人才培养的多层次性以及人才培养的多途径、多形式，不同培养集体间的利益冲突日趋明显，目前，在整体上还没能很好地协调彼此间的利益关系，争夺人才、争夺竞赛资源等现象还普遍存在；第三，各项法规政策和标准规范的施行缺乏监管，没有对各项规制的落实情况进行严格管理，导致有法不依现象频仍；第四，在市场经济的冲击下，放松了青少年的思想品德教育，文化控制手段没有发挥应有的作用；第五，在制定宏观政策时，没有充分考虑与其他系统的协同发展，在落实具体法规政策时又没有与体育系统外的其他职能部门紧密配合。

第七节　竞技篮球后备人才培养的保障机制

"保障"一词在日常生活中一般解释为保护（生命、财产、权利等），使不受侵害和破坏。我们研究的竞技篮球后备人才培养的保障与"社会保障"是有区别的。这里所说的竞技篮球后备人才培养的保障，是指为该体系的良性运行、协调发展提供防护和保卫，以阻止其恶性运行、畸形发展。

竞技篮球后备人才培养的保障机制包括三个组成部分：保障对象、保障手段和保障过程。保障对象包括培养主体（国家、集体、个体）和培养制度，两者是相互依赖、相辅相成的。培养主体是主要保障对象，但也要保障培养制度，保障培养制度是为保障培养主体服务的，因为培养主体的各种合理需要只有在一定制度条件下，才能得到最大限度的满足。国家和组织主要通过采用经济或物质手段，为培养主体提供安全与发展保障；通过合理的制度来保障实施的连续性、稳定性和有效性；建立健全的组织机构来保障制度的实施。保障过程则主要是国家通过制定一系列的法规、政策来保证保障政策、措施的有效实施。

在前面，已经从动力、整合、激励、控制的正向角度，讨论了两种经济体制下是如何实现竞技篮球后备人才培养体系正常运行的内在机理和内在过程，下面则试图从保障这一反向角度，研究两种体制是如何为该体系提供保护以阻止其恶性运行、畸形发展的机制。

一、计划经济时期竞技篮球后备人才培养的保障机制

从保障对象看，由于我国竞技体育实行的是"举国体制"，体育事业由国家包

办，国家不仅负责所有后备人才培养的经费和基础设施建设，还负责提供保证后备人才培养有序进行的法规制度。在社会资源还不富足的情况下，这些具体的制度安排和经济资源的计划分配方式，保障了竞技篮球后备人才培养体系的建立、完善和有序运行，并有效保障了运动员个体的训练、竞赛、学习、生活等需求。

从保障手段看，一是合理的制度供给，并保持制度的连续性、稳定性和有效性。早在1949年9月，中国人民政治协商会议通过《共同纲领》就明文规定提倡国民体育。1951年8月，政务院公布的《关于改善各级学校学生健康状况的决定》指出：改进学校卫生工作，改善学生伙食管理办法，注意体育、娱乐活动，并要求学校经费的支配应适当地照顾保健工作的需要等。以及同时期推行的"劳卫制""运动员等级制度""运动竞赛制度"等一系列制度，保障、推动了竞技篮球运动的普及与提高。二是建立健全的组织机构，并赋予其相应的行政职权。1956年10月，中国篮球协会正式成立，相继在各大行政区或省市建立了高水平篮球专门队伍，并制定与健全了各项培养篮球人才和普及、提高篮球运动水平的规划、章程和制度。各级竞技篮球后备人才培养集体也建立了健全的拥有行政职能的组织机构，代替国家行使保障职能。三是提供必要的资源，满足系统运行的经济与物质基础。国家拨款创办体育学院、专业体育学校、重点体育学校、业余体育学校，成立多层次运动队，投资兴建体育设施，解决运动员的吃、穿、住，以及公费医疗。通过经济和物质手段，为培养集体的正常运转和运动员的生活、训练、竞赛、学习等基本权利提供安全保障。

从保障过程看，国家通过制定一系列法规、政策，保证竞技篮球后备人才培养保障政策的实施，利用健全的组织领导体系，按计划强制性地从上而下向竞技篮球后备人才培养主体提供保障。

在计划经济体制下，中国的事业单位隶属于政府，是政府权力的衍生物。[①] 体育属于事业单位，因而竞技篮球后备人才培养的组织具有十分明显的政府性特征：资金来源于各级政府财政拨款（"一五"到"五五"时期的体育事业经费见表6-8），培养活动依赖上级组织，机构设置有行政级别，组织内人事有计划编制，高度封闭而自成一体，培养活动由官办、官管、官养。计划经济时期的竞技篮球后备人才培养的保障机制主要有以下几方面的基本特征。①从实施的主体看，国家是为后备人才培养提供保障的责任主体和实施主体，这也是国家的基本职能之一。国家或政府的体育主管部门依靠国家发展竞技体育的政策和资源的分配权与再分配权，对竞技篮球后备人才培养体系的保障统一进行管理。②从实施的方式看，后备人才培养的保障机制是通过国家体育主管部门和竞技篮球主管部门制定的一系列法规、制度建立起来的，国家依靠法规、制度来保证政策的有效施行。③从实施的途径看，竞技篮球后备人才培养是通过国家计划指令来实现的。④从实施的手段看，一是"举国体制"这一强制性的制度安排，二是建立健全的组织机构，三是国家

---

① 吴锦良. 政府改革与第三部门发展［M］. 北京：中国社会科学出版社，2001.

采用经济或物质手段，全包全揽，为整个后备人才培养体系及其组织、成员的各种基本权利提供安全保障。

表6-8　1980年以前我国体育事业经费情况　　　　　　　　（单位：万元）

单位	"一五"时期	"二五"时期	三年调整期	"三五"时期	"四五"时期	"五五"时期	合计
中央	3 164	13 365	4 898	3 838	5 558	13 562	44 385
地方	6 434	3 186	18 166	20 061	58 975	107 067	213 889
社会	0	0	0	0	0	0	0

资料来源：依国家体委计划财务司编，《体育事业统计年鉴》，1994：102。

二、转型期竞技篮球后备人才培养的保障机制

从保障对象看，一方面，需要保障的培养主体发生了很大变化。整个竞技篮球后备人才培养体系由多种形式组成；而且，培养组织的所有制性质也发生了变化，由此带来组织及其成员的产权发生改变，不再是国家所有。另一方面，正因为培养形式的多样化和培养主体的多元化，需要整合、激励、控制的对象和利益关系也日趋复杂，国家由此就要提供更细致和具体的制度安排，以保证竞技篮球后备人才培养体系的良性运行，如《全国体育高水平后备力量专项经费管理办法》（1999，财政部、国家体育总局）、《体育彩票公益金管理暂行办法》（1998，国家体育总局、财政部、中国人民银行发布）、《自主择业退役运动员经济补偿办法》（2003，人事部、财政部、国家体育总局）等等，相继出台。在关于同意修改《优秀运动员伤残互助保险暂行办法》中部分条款的批复里（2003，国家体育总局），拓宽了保障对象的范围，把地市级优秀运动队、各省级体育学校和体育学院附属竞技体校作为国家队、省（区、市）高水平运动队后备力量培养的来源，并把从事奥运会和全运会项目的学生也包括了进去。

从保障手段看，第一，制度供给方式发生变化，由政府独家供给向以政府供给为主、市场供给为辅的方式转化。由于市场因素介入竞技篮球后备人才培养活动，人才培养实行"双轨制"，政府负责一块，市场分担一块，市场成为竞技篮球后备人才培养活动新的制度供给者。如省市体校主要还是由国家保障，而职业俱乐部的后备队以及社会办的各类青少年俱乐部、篮球学校等则主要是按照市场机制运作，国家进行宏观调控而不再提供具体的制度安排。第二，竞技篮球后备人才培养的组织机构行政职能弱化，市场功能强化。随着体育体制市场化、产业化改革，有条件的项目实行协会制，国家确保重点项目的实施，重点投入一线队伍，后备人才的培养逐渐推向市场、社会，这些变化导致了负责竞技篮球后备人才培养的组织机构职能的转化。如省市体校的青少年篮球队，过去有国家或地方财政做保障，拥有招生、输送、就业等管理权限，对其成员具有相当的行政约束力；而现在是计划供给不足或没有计划供给，没有资源的所有权与使用权，组织的行政管理能力自然地下

降了；第三，经济与物质保障手段在量的结构上发生改变。由表6-9可看出我国体育事业费用的总量是逐年增加的，而且，社会投资增长迅速，一改计划经济时期国家独力投资的局面。第四，信息服务也成为竞技篮球后备人才培养的保障手段之一。在经济发展全球化、体育文化国际化的趋势下，为竞技篮球后备人才培养提供广泛的训练、竞赛、人才交流、升学或就业等信息，是保障竞技篮球后备人才培养体系有序运行的又一重要手段。篮球管理中心社会发展部在几年前就已经开始筹建网上后备人才库，现正处于不断完善阶段。

表6-9 1981—1996年我国体育事业经费情况 （单位：万元）

年份	国家财政			社会投资		
	中央	地方	合计	社会赞助	经营收入	合计
1981—1985	30 532	226 112	256 644	0	0	0
1986—1990	56 625	543 166	599 791	0	0	0
1991	13 184	153 392	166 576	0	0	0
1992	14 100	172 400	186 500	0	0	0
1993	18 600	190 800	209 400	2 192.5	76 260.5	78 452.7
1994	15 309	187 045.6	202 354.6	4 185.5	67 394.6	71 580.1
1995	22 567.6	216 235.6	238 803.2	3 664.9	77 820.5	81 485.4
1996	20 945	263 229.2	284 174.2	4 737.3	99 789.3	104 526.6

资料来源：依《体育事业统计年鉴》（1994、1995—1998年）整理编制。

从保障过程看，宏观上，国家仍然是保障的责任主体和实施主体，调控和监督保障政策的实施，负责投资基础设施建设，制定和完善青少年篮球竞赛体制；而在具体操作层面，一部分培养主体仍按计划提供保障，如专业体校和重点体校等培养组织主要还是财政负担；另一部分培养主体则按市场机制运作，采用市场方式提供必要的保障，如职业俱乐部后备人才梯队、社会办的青少年篮球俱乐部或篮球学校等。

转型期，竞技篮球后备人才培养的保障机制表现的特点有：保障制度及其供给方式增多、社会资源进入保障系统、信息服务成为新的保障手段等。但保障机制仍存在许多问题：①由于培养主体利益需要的多样化，保障制度供给不足，实施、监管不力；②不同培养主体的经济或物质保障差异明显，在调研（2006）中发现，省、市体校南、北方之间教练员工资差别较大，南方高级教练员月基本收入是3000～3500元，另有月伙食补足费400～600元，全年服装费250～400元；而北方同级别教练员对应收入是1500～2500元、200～300元、110～400元。再有，省、市体校教练员与重点中学教练员的工资差别也较大，如河北省体校高级教练员月收入为2000元，而石家庄二中至少是5000元；③没有与社会保障机制接轨，如运动员的伤残保险，主要还是培养单位自己负责，没有纳入社会保障体系；

④不同形式、不同级别青少年竞赛体制不健全、不协调；⑤在保障政策的制定和实施过程中，还没有注意"人本原则"，对青少年全面发展的保障重视不够，偏重于对提高篮球竞技能力和取得优异运动成绩提供经济或物质保障，等等。

第七章　国外篮球后备人才培养运行机制的经验与启示

第一节　美国篮球后备人才培养运行机制及特质

美国伊利诺伊州州立大学名誉教授、美国中学篮球协会主席特卡夫博士在总结世界其他地方的篮球与美国篮球的差距时说："美国领先一步的原因大体有以下三点：一是有很好的训练和竞赛体制，二是有水平很高的教练员，三是有众多的篮球人口。"[①] 美国的篮球人才主要是通过小学—中学—大学来培养的。大、中、小学各有各的庞大联赛体系，根据大、中、小学的体能和年龄不同，各级联赛都有不同的规则。美国的篮球人才就是在这种庞大的联赛体制和频繁的实战中磨练出来的。美国的篮球人才培养"一条龙"体制确保了大学球员的数量和质量，中小学大量篮球人口的存在，为大学篮球运动准备了充足的生源，优秀人才进入高校，奠定了坚固的大学篮球运动高水平的基础，大学得以能够向职业队源源不断地输送高水平人才。职业队强大的感召力，带动着大学篮球运动的发展，同时，大学篮球运动的发展，又进一步推动中小学篮球运动的普及与提高。[②]

正因为美国篮球人才主要是通过学校系统进行培养的，因此，本书也就针对美国学校系统分析其目标及运行机制。

一、美国篮球后备人才培养目标

美国竞技体育体制最显著的特征就是整个国家的竞技体育体制以学校为中心。中学是培养优秀运动员的摇篮，大学则是培养优秀运动员的高级阶段。认为体育运动是完整教育系统的一部分，体育运动目标应该纳入教育目标结构之内。由于美国国体、政体的资本主义属性，其教育体制实行的是资产阶级民主教育体制，教育目标深受人本主义教育思潮的影响。其一，以人为本，突出人的主体地位。强调人的中心地位，把人作为教育的出发点和归宿是人本主义教育的根本特征；其二，注重人的自我实现和完整人格的养成。在人性本善的认识论基础上，认为人具有多种潜能和需要，而自我实现是人的最高层次需要的满足，同时也是人的终极价值的不断追求与实现。从根本上认为，教育的目的和功能就在于促进人的潜能的充分发展和自我实现，促进丰满人性和完整人格的养成。处于教育目标结构之内的美国体育运动目标也无可避免地受到这种思潮的影响，反映在中学、大学的运动目标之中。

---

① 王波，等. 中美高等学校高水平运动队外部领导和内部管理体制的比较研究 [J]. 西安体育学院学报，1997 (1).
② 凌平. 中美高校体育管理比较研究 [M]. 杭州：浙江大学出版社，2003：215–217.

（一）初中的运动目标

初中的运动计划制订应适合6、7、8、9年级学生的需要。在这种水平上，一些有价值的目标是培养团队精神、竞争能力、自律、自评、自控；以成就和努力学习为荣。篮球运动计划的控制就像体育教育计划的控制一样，列入相同的教育目标结构中。

（二）高中的运动目标

高中水平具有代表性的运动目标通常是由每一学区来制定的。被高中学校官员采纳的共同目标包括促进身体健康；培养竞争意识和获胜意愿；灌输道德、诚实、公平竞争和自律；实现诸如自信、对团队忠诚和责任感等目标；提供有益健康的情感表达渠道；把自身的不同方面（社会、情感、身体、智力）完整地体现在行动中；培养良好的公民素质和其他有价值的个人素质，例如领导能力和授权能力。其他的目标包括通过以一种建设性的方式，为个人的精力提供宣泄口，把篮球运动作为团结学校、家庭和社区的力量，通过活动帮助学生过健康、丰富和安定生活。[①]

（三）大学和联合计划中的运动目标

在很多预科、学院、大学和联合计划中，组织程度高的高水平竞技篮球运动的目标包括发展运动竞争中的优势；提供从财政上能自我支持的计划；在地位相同的学校间建立体育的领导职位；满足观众、运动员、校友、社区和教练的要求；为有天赋的学生运动员提供运动计划。大学篮球联赛作为NCAA开展的大学运动项目之一，其目标服从于NCAA的宗旨。在NCAA章程中，美国大学竞技体育的基本目标描述为：成员学校中的竞技体育应被视作学校教育中一个重要的部分，协会的基本目标是敦促和保持大学竞技体育是教育计划的一部分，敦促和保持运动员是学生群体中的一部分，同时使大学竞技体育与职业体育保持有明显的界线。[②]

考察美国培养篮球后备人才的运动目标，有几个特点值得我们深思。①目标深刻地表达着人文主义关怀。强调人的价值和社会的价值在体育运动过程中得到培养，人的权利和自由受到鼓励。②有组织的篮球运动计划的目标是一贯的。在小学—中学—大学阶段，努力营造一种环境，这种环境通过激励选拔参与者，使其获得满意的篮球运动体验，以促进人在一生中各个阶段都能最适宜地发展潜能。③篮球运动的目标被纳入真正的全人"教育"中。目标在各教育和机构的层次上有所不同，但是，篮球活动积极、健康的生活方式在各个层次上都是一致的。④关注了学生运动员学术、道德、运动水平的协调发展，而不是只突出运动能力的发展。一致地认为篮球运动目标是教育的一部分，应该以有力的、多样的、伦理的和专业的方式来传授和传播。

---

① ［美］查尔斯·布彻尔，等. 体育运动管理（12）［M］. 茹秀英，等，译. 北京：清华大学出版社，2003：49.
② 1999—2000 NCAA DIVISIONI MANUAL Constitution Operation Bylaws Administrative Bylaws P：1.

二、美国篮球后备人才培养的组织机制

（一）美国中学校际体育管理

中学校际体育竞赛的管理包括四个方面：学校所在的各个校区，学校体育项目参与竞赛的体育联合会，管理某一州体育的州体育协会，监督本国中学体育活动的全国高中体育联盟（见图 7-1）。

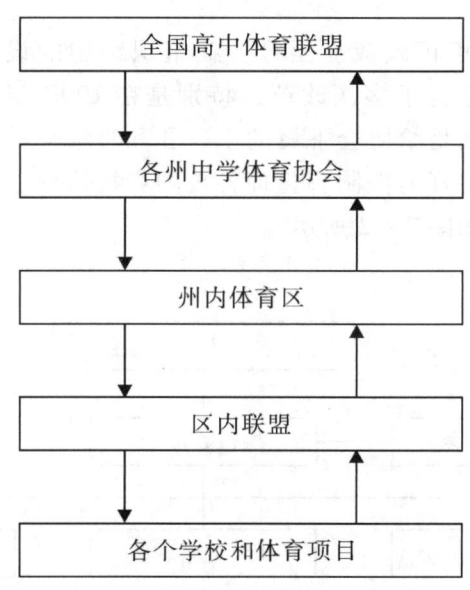

图 7-1　美国中学校际体育管理模式

全国高中体育联盟的作用是通过颁布 16 岁男女生体育比赛规则和向全国高中体育联盟在 51 个州的协会成员提供教育服务和项目，为美国中学校际体育竞赛提供领导和协调。全国高中体育联盟不具备任何执行权力，它所制定的规则也不是强制执行的。州协会管理各州运动员，这些州协会有权制定规章，且在多数情况下有执行权。在区这一级别有一个区委员会，其代表均是来自该区的各体育联合会或联盟。此外还有各种区委员会来保证州协会的运行。

尽管有一个比较全面恰当的管理组织，中学体育的实际管理主要还是在地方级别进行，多数政策和规程决策都是在学区或各学校分别制定的。地方学校必须承认州协会制定的规章，并在其范围内运行。学校董事会或教育董事会是一个经选举产生的机构，成员是居住在校区范围内的个体，他们有权为学区确定体育项目，制定政策、规程和分配资源。校董事会批准预算，决定用于体育设施建设的资源的可行性和分配，对雇用和解雇体育部门人士进行投票，以及投票制定校区体育政策。[①]

---

① ［美］伯尼·帕克豪斯. 体育管理学［M］. 秦椿林，等，译. 北京：清华大学出版社，2003：357－359.

(二) 美国大学校际体育管理

大学生体育联合会（简称 NCAA）是美国规模最大、职能最全、会员最多的体育管理机构，在美国具有广泛的影响力。性质上，NCAA 不属于政府职能部门，属于非营利性的社会团体。它既不通过直接行政手段，也不通过对各高校体育团体或体育协会进行大量繁琐的间接行政干预来控制高校体育运动竞赛的运行，而是借助法律程序和规范的宏观约束手段或经济的增长幅度及参数等手段来进行调节和管理。[①]

NCAA 协会从 1912 年正式成立至今，在组织结构的设置、政策法规的建立、运行机制的完善等方面进行了多次改革，特别是在 1997 年 8 月 1 日，NCAA 改革了其管理组织结构，原则是给协会下属的 I、II 和 III 级会员更多的自治权，同时也使得各会员大学的校长更好地控制和管理各校的竞技体育。改革后，美国大学生体育联合会组织机构框架如图 7-2 所示。

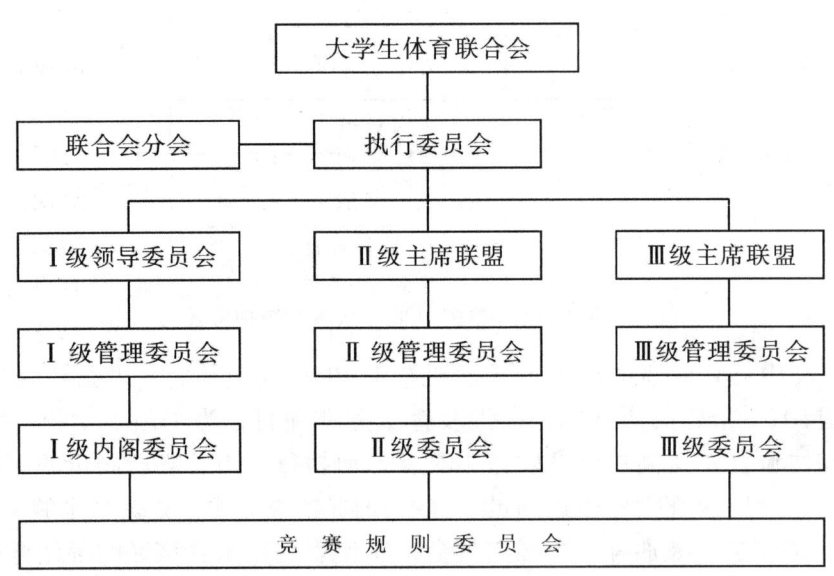

图 7-2 美国大学生体育联合会组织机构框架

美国大学生体育联合会下设执行委员会，负责联合会的具体工作。执行委员会下设 I 级领导委员会、II 级主席联盟和 III 级主席联盟，每一级协会又分三层结构，分别管理各级别的具体工作。联合会内部还设有管理、纪律、规则等事务的分会。[②]

在各大学内部还设立有竞技运动内部管理机构，美国大学竞技体育的内部管理

[①] 凌平. 中美高校体育管理比较研究 [M]. 杭州：浙江大学出版社，2003：191-192.
[②] 池建. 美国大学竞技体育管理 [M]. 北京：人民体育出版社，2005：15-17.

体制分为独立型的管理体制和非独立型管理体制两种。①独立型的管理体制由校长或主管副校长直接管理，非独立型的管理体制则由分管竞技运动的系主任负责。重视竞技体育的学校一般都采用独立型管理体制，相反则选择非独立型管理体制。②

在中学校级体育竞赛的管理中，需要各个学校、体育联合会、州体育协会和全国高中体育联盟的合作努力，每一管理层又有自己的管理机构，各自发挥不可替代的作用。而全国大学体育协会是一个由会员推动的组织机构，协会成员创建法规，由全国大学体育协会执行主任和全国总部来执行。全国大学体育协会有三个级别，学院可以选择加入，每个级别也都建立起了自己的管理机构。NCAA的管理结构设置范围广、分工比较精细、职责明确，体现了集权与分权、统一与灵活有机结合的特征。这些管理和组织结构促进了美国中小学、大学竞技体育的良性运行、有序发展。篮球作为中小学、大学开展的主要运动项目，也在这种完整的组织结构下，为学生提供必要的身体体验，培养着一批接一批的优秀篮球后备人才。

三、美国篮球后备人才培养的市场开发机制

校际体育竞赛潜在的商业价值不仅是各学院开展运动项目的保障，也是开展运动竞赛的动力。几乎所有中学运动项目都是由学校行政拨款赞助的。直接花在校队的费用很少超过学校预算的3%。事实上，大多数情况下，学校间体育运动的花费不到学校预算的1%。当某项体育运动占用很大的预算时，大部分钱来自门票收入和支持者俱乐部的捐款。因此，在中小学体育机构中就设立有专门负责市场开发和商务运作的财务和商务执行主管或学校业务经理。由于篮球竞赛有良好的社会关注度，通常能吸引企业的赞助和家长、校友的捐款，较高水平的篮球竞赛还可带来不错的门票收入和媒体转播费，这些都为校队和学校带来了经济利益，有利于球队的运作。

美国高校竞技体育体系是一个开放系统，注重与社会各界的交流，商业化和社会化程度较高。小的学院的体育运动通常只有较低的预算，资金来源主要是学生交费和学生赞助费。大的体育系像商业一样运营，如果不能赢利的话，至少也是自给自足。有大项目的大的学院则经常在校际体育运动项目上花大笔的钱，这些钱来自学生交费、支持者、门票收入、媒体使用权的出售、特许权、标识特许费用、公司赞助和大学基金。在美国大学校际体育中，篮球项目更是商业价值巨大。例如：1997年，NCAA全国高校篮球甲级联赛，出售门票的收入为1 100万美元，向CBS电视公司出售比赛转播权的收入为5 720万美元，向广播电台出售转播权收入为108万美元。在商务开发上，联盟中有专业人士从事整个联盟的市场开发，并接受联赛各级委员会的监管。在高校运动部门设有商业和财务副主管，负责开发、营

---

① 林志超，等. 中国高校体育改革回顾与展望［M］. 北京：北京体育大学出版社，2001：124.
② 池健. 美国大学竞技体育管理［M］. 北京：人民体育出版社，2005：91.

销、促销、门票销售等学院权限内的事务。

虽然，通过校际体育竞赛赢利发展体育运动是否有利于实现教育目标，在美国教育界也还存在一些争议，但校际体育竞赛的市场行为确实为其运动项目发展提供了相当充足的经费保障，这也是不争的事实。因此，在市场经济体制下，我国如此多样化的竞技篮球后备人才培养形式如何利用市场机制，去开发市场、利用资源，促进人才培养，值得我们深思。

四、美国篮球后备人才培养的激励机制

激励的责任和管理主体主要是联盟和协会、学院。激励对象包括学院和运动员个体。由于校际体育的社团属性，国家只是宏观调控，不予实际激励。激励的标准就是在各级别、学区、联盟竞赛中取得优异成绩，并达到相应的学术标准；或者，由于体育运动只是教育的一部分，在学术和科研上达到优秀，同样可以获得奖励。在完全市场经济体制下，NCAA对会员的激励主要是确定会员资格，并给予相应的特权，如投票权、利益分享权等；联盟、协会和学院在对运动员进行激励时，激励手段主要采用物质激励，如提供奖学金、礼品、校外资助等，其价值都折算为相应的金额发放。激励过程讲究标准制定的科学、合理、全面。联盟、协会通过制度来监督激励的实施，并根据反馈信息对激励标准进行不断修正，保证了激励机制的正常运行。

五、美国篮球后备人才培养的控制机制

为保证学校体育项目的开展和比赛的公平、公正进行，使校际体育竞赛成为教育的一部分，为实现教育目标服务，高中体育联盟和NCAA建立了一套高质量、高效率的控制机制。

从控制手段看，中学和大学体育联盟主要是采用组织控制和制度控制。一方面，美国高中体育联盟和NCAA分别围绕各自的目标构建了严密的管理组织和结构。对结构和组织中的职位头衔、角色分配、任务分配、职能、权限、关系等清晰地加以界定，以实现对一个学校或一个学院、一个学区或小联盟、一个大的联盟进行有效控制。另一方面，中学和大学联盟、协会制定了非常全面、具体、细致、严格的法规条例来控制成员组织和学生运动员的行为，使之符合联盟要求和学校教育的要求。对成员学校或学院的资格、分类标准、投票权利、申请或承办比赛、竞赛资格、经费预算、商务开发、奖学金发放标准、利益分享权、招生标准、学术标准、训练方式、训练时间等，以及对学生运动员的资格、入学标准、参赛年限、学籍管理、学术要求、奖学金标准、兴奋剂使用等各个方面都制定了尽可能详细的规章制度。从控制过程看，学生体育联盟借助完善的法规条例，以法律的方式对成员组织和学生运动员的行为进行规范控制，各级管理机构严格按规章制度办事，并在每一级别设立了监督机构，对各级别成员组织和学生运动员的行为进行监控。

六、美国篮球后备人才培养的保障机制

联盟、学区、学校是保障的责任和管理主体。高中体育联盟和 NCAA 对其成员组织的保障手段包括：①制定规范的项目发展计划、经费预算、法规条例，保证成员组织在联盟中的相应权利和对成员组织内的管理权力；②提供合理的赛制以及竞赛办法，保证各成员学校或学院公平、公正地参加学区、小联盟及全国篮球锦标赛等；③提供项目发展和竞赛必要的经济资助。如 NCAA 对其成员组织就提供援助基金、追加补助经费和信贷经费、体育竞赛赞助经费、特别补助基金、学术促进基金以及只对甲级学校发放的联盟补助资金和篮球运动配套基金等，以此来保证和推动篮球运动以及其他运动项目的开展。对学生运动员的保障则更为细致，包括生活、学习、训练、竞赛各个方面。最为重要的保障手段就是提供优厚和基本的奖学金、学校经费资助和其他途径资助，解决学生运动员的经济负担。另外，联盟规定由学校对学生运动员提供伤病医疗费用和保险；对学生运动员因比赛或训练耽误学习制定有专门的制度以保障其学习达到要求；在管理中执行性别平等原则和非歧视原则，保障女子和有色人种、少数民族学生获得同等的受教育和运动的机会。

第二节 澳大利亚篮球后备人才培养运行机制的特质

澳大利亚建立的是一套垂直的、自上至下的竞技体育管理机构。澳大利亚国家级体育组织主要有国家竞技运动委员会、国家体育运动学院、国家奥委会、国家高水平运动俱乐部以及职业体育俱乐部。国家竞技运动委员会与联邦单项体育协会、体育联合会、英联邦运动联合会及国家奥委会之间是一种业务上的协作关系，而国家竞技运动委员会与国家体育学院之间则是一种比较明显的业务指导关系。联邦单项协会对于高水平体育俱乐部及职业体育俱乐部具有一定的制约作用，而国家奥委会则主要负责组建国家队，代表国家参加国际体育比赛。职业体育俱乐部完全是商业运作机制，而国家体育学院则是政府投资建立起来的体育组织，其管理模式是政府运用市场机制进行经营。澳大利亚在优秀运动员的培养方面主要采用了政府和社会相结合的模式，尤其是各级政府在对培养优秀运动员方面采取了弹性政策，充分利用市场机制培养高水平运动员。澳大利亚高水平运动员成长途径示意图见图7－3。

澳大利亚的竞技篮球在世界篮坛成绩一直不错，尤其是女队，表现优异。在1996年第26届奥运会，澳大利亚女篮获得第三名；1998年第13届世锦赛，澳大利亚女篮又获得第三名；2000年第27届奥运会澳大利亚女篮获得第二名；2002年第14届世锦赛澳大利亚女篮获得第三名；2004年第28届奥运会澳大利亚女篮获得第二名，2006年第15届世锦赛澳大利亚女篮获得第一名，登上了世界冠军的宝座；2008年第29届奥运会澳大利亚女篮获得第二名。时至今日，澳大利亚男女篮球队都仍是世界篮坛的一支劲旅。这与其形成了一套富有成效的后备人才培养模

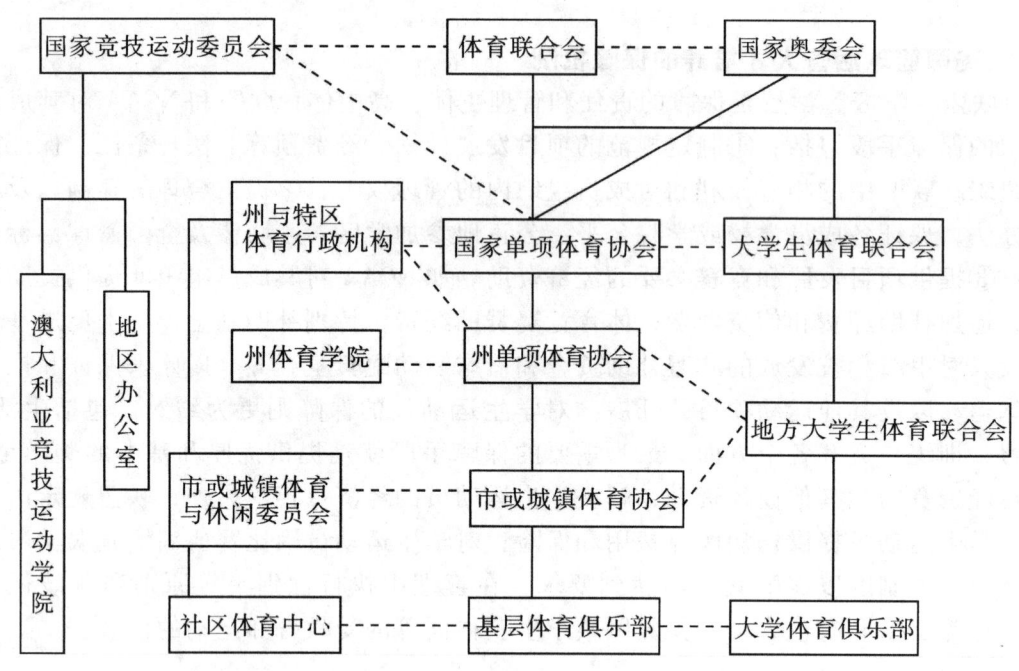

图 7-3 澳大利亚体育管理机构

资料来源：杨逸晨. 澳大利亚女篮崛起因素探析 [D]. 开封：河南大学，2009。

式是分不开的。其竞技体育人才成长途径见图 7-4。

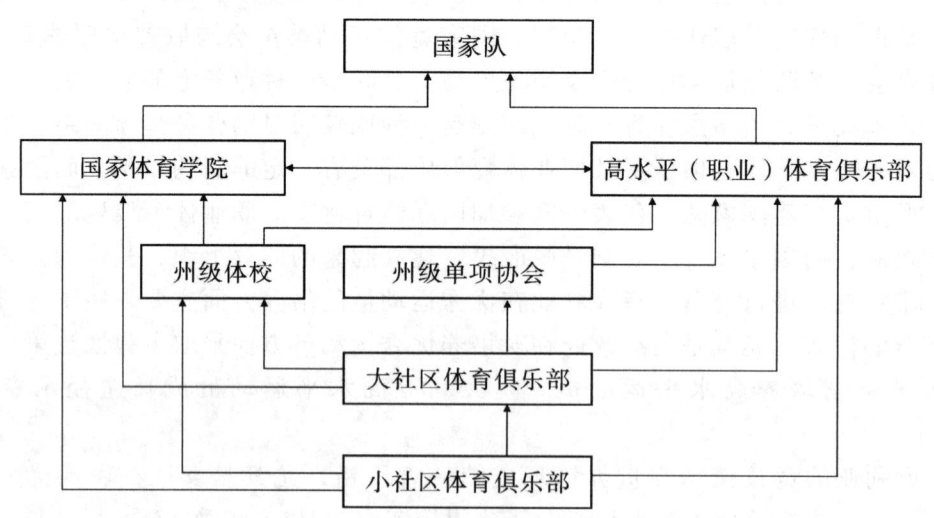

图 7-4 澳大利亚高水平运动员成长途径示意图

资料来源：潘志琛博士论文，2004 年 5 月，北京体育大学。

自 20 世纪 80 年代以来，澳大利亚制订并实施了以培养参加奥运会为最高目标的运动员《奥运金牌计划》。为保证这个计划的实施，全国共有九所竞技运动学院承担着培养竞技体育精英运动员的任务。在《澳大利亚篮球运动成功道路回顾》（2008）中，作者杰克·菲尔（Jackie Fairweather）指出"澳大利亚篮球之所以取得巨大成功，关键在于该国有雄厚篮球后备人才，历史悠久的国家篮球联赛以及对发展篮球制订的一系列广泛的发展提高计划"。

"Aussie Hoops"是一项由澳大利亚篮球协会（BA）发起的国家性的篮球培养计划，主要针对小学年龄阶段（5—13岁）的孩子。这项计划的特点是集运动、兴趣于一身，任何人都能负担得起。它由澳大利亚地方体育协会具体执行，各地俱乐部和学校承办。地方协会派出经特别培训的教练在学校、社区中心、体育场进行指导。无论孩子对篮球抱有什么目的（成为明星或者单纯的喜爱这项运动），这项计划都能满足孩子的需求。"Aussie Hoops"分为四个阶段，第一阶段（Fun Time）是在学校课程的基础上，引发孩子对篮球的兴趣；第二阶段（Play Time）是在俱乐部和篮球协会组织的活动的基础上，引发孩子对篮球的喜爱；第三阶段（Game Time）是设置一场象征性的篮球赛，使小运动员们体会到篮球比赛的乐趣；第四阶段（Big Time）是使小运动员们参与小篮球比赛，让他们在比赛中体会到比赛的竞争。

"ITCP"即国家篮球集中训练中心计划，主要针对14—17岁的孩子。澳大利亚年轻的篮球运动员和教练员所获得的成功得益于这项计划，因此它在国际篮坛上广受赞誉。"ITCP"在澳洲实行了十余年，它不仅培养出一批优秀的青年运动员（很多进入WNBL、NBL、国家队），而且还造就了一批WNBL、NBL、国家队的教练员。"ITCP"的宗旨在于开放性的思维，与地方积极的沟通。它与地方运动协会建立了良好的联系，与之分享教练员和训练知识；它以详细的选材确认程序与地方协会共同发展培养有天赋的青少年篮球运动员。为了使澳大利亚未来的冠军们成为更加全面的运动员，他们无论个人还是全队都会接受运动科学、运动医学方面的知识。他们不仅要从事单独或者集体的强化训练，而且要参与地方和"ITCP"组织的训练营。运动员的发展计划包括：时间管理、训练计划、个人发展及生活技能管理技巧。运动员会从积极的相互影响的学习环境和获得在澳大利亚、美国、亚洲、欧洲比赛的体验机会中提升自己。

澳大利亚的篮球后备人才培养一系列政策、计划由政府和澳大利亚体育委员会（ASC）共同制订，对篮球后备人才的培养由低到高遵循着这样一个过程：一些基础计划由澳大利亚当地运动协会负责推广诸如：AussieHoops；；ITCP这种比Aussie Hoops更高一层次的计划直接由澳大利亚体育委员会（ASC）负责管理，州运动竞技协会（ASA）、州运动竞技学院（SIS）协助管理；澳大利亚国家竞技运动学院计划，这种精英培养计划也是由澳大利亚体育委员会负责管理，州运动竞技协会、州运动竞技学院协助管理。在这些计划推广的过程中，各级的篮球协会、篮球联盟还组织一系列的比赛，比如：14岁以下的俱乐部比赛、澳大利亚青少年篮球锦标赛（AJC）16、18、20岁以下的比赛、全国学校篮球锦标赛、ABA联赛、NBL和WNBL等。澳大利亚体育委员会、澳大利亚国家竞技运动学院、州运动竞技协会、州运动竞技学院通过这种一系列的比赛甄选有天赋的篮球运动员,使他们参加更高层次的篮球培养计划、篮球联赛和篮球训练营,从而逐步使他们成为澳大利亚国家队的后备人才,为国际大赛做准备。①

一、澳大利亚篮球后备人才培养目标

澳大利亚培养篮球后备人才的基层组织是社区俱乐部,这些俱乐部基本上是由个人组织成立,采用社会自治管理,自主经营,自我发展。其目的主要在于培养青少年对体育以及篮球的兴趣。一方面可以丰富社区居民的精神文化活动,另一方面,通过组织各种青少年篮球比赛,从中挑选有潜力的体育苗子,为国家输送优秀的体育人才。这种向上输送人才的目标是依据俱乐部自身生存与发展的需要而制定的,是一种自觉行为,不是政府强加的,政府只是鼓励个人办俱乐部,并在培养方向上加以引导。②

培养篮球后备人才的中层体育组织是州单项篮球运动协会和州体校,接受政府管理,采用市场化操作,其培养目标就较为清晰,并带有一定的行政性质,即通过广泛组织篮球竞赛,对训练进行指导,为国家培养优秀篮球人才。

国家体育学院全部由国家投资,在9所国家体育学院中,篮球都是作为重点项目而得以重视。在体育学院中篮球人才的培养目标就是"培养高水平篮球后备人才,向国家队输送"。

二、澳大利亚篮球后备人才培养运行机制特质

从动力机制看,在社区俱乐部从事篮球训练的青少年,其主要动力来自兴趣、爱好、来自体验篮球、活动身体的需要。而在州单项篮球运动协会或州立体校接受训练的青少年,成为优秀运动员的愿望开始强烈,进入国家队、国家体育学院和高水平(职业)体育俱乐部,为国争光或成为职业选手,这种自我实现的需要成为动力的源泉。对于培养组织来讲,基层培养组织——社区俱乐部的动力来自生存与发展的需要。因为社区俱乐部都是个人创办的,通过培养、输送优秀人才来维持其俱乐部的发展是其最现实的动力;而中层培养组织和高层培养组织,因为是国家管理,市场运作,培养与输送优秀篮球人才,不仅是国家的利益需要,也是协会与俱乐部发展的需要,动力的发生主体主要是国家,而动力的利用主体则还包括协会与俱乐部。

从整合机制看,基层培养组织——社区俱乐部是按市场机制运行的,青少年运动员也是源于兴趣自由参加训练的,他们对政府培养篮球后备人才的目标是一种由下而上自由自觉的认同,不带有强制性。对于中层培养组织,国家进行宏观管理,

---

① 杨逸晨. 澳大利亚女篮崛起因素探析 [D]. 开封:河南大学,2009.
② 王庆伟,等. 澳大利亚高水平运动员培养体制调查研究 [J]. 体育科学,2004(1):17-19.

围绕发展竞技篮球的目标，设置管理机构、颁布制度规章，并通过市场机制来整合、协调组织利益。

从激励机制看，社区俱乐部的发展完全按市场规律办事，国家不予干涉；从事训练的青少年运动员也完全是自费，由家庭负责投资。州单项篮球协会或州立体校中的部分优秀运动员经过比赛选拔后，由政府提供资助或奖学金，帮助其训练，继续提高运动技术水平。国家对获奖的青少年运动员上学并没有优惠政策，完全靠个人能力，经考试后录取。

从控制机制看，澳大利亚建立了一套客观、公正、透明的运动员选拔制度，严格控制运动员选拔中的不法行为，保证优秀的篮球人才能够获得资助或者进入高一级运动队。由于澳大利亚是实行市场经济的国家，国家对青少年篮球后备人才的培养只是宏观控制，具体运行则完全市场化，所以，负责青少年篮球人才培养的组织和个人主要靠组织和个人自律来控制行为规范。

从保障机制看，国家及各级地方政府主要负责体育基础设施建设与维修，青少年篮球后备人才培养的经费主要来自学生交费和企业赞助、个人赞助。在社区俱乐部和州单项协会、州立体校开始参加训练的青少年都是自费，只有当其运动竞技水平较高或进入国家队，国家才负责其训练与学习。澳大利亚的青少年运动员都在普通学校或国家体育运动学院学习，比赛耽误的课程，有专门人员负责联系，帮助补习。训练之外，还对运动员进行其他技能的培训，帮助年龄小的运动员学习，进入大学深造。[①]

第三节　国外篮球后备人才培养运行机制的启示

不同国家在市场经济体制下，会根据国体、政体选择不同的经济发展模式。而既定的宏观经济模式决定性地影响着一个国家竞技体育的发展及其后备人才培养模式的选择。美国、澳大利亚在市场经济体制下培养篮球后备人才的运行机制，对我国在市场经济体制改革不断深化的过程中，建立良性运行、协调发展的篮球后备人才培养运行机制具有一定的启示意义。

（1）将竞技篮球后备人才的培养目标置于教育目标结构之内，目标富有"人文关怀"。在美国、澳大利亚，从事训练的青少年都是学校的在读学生，培养目标坚持"业余性原则"，把体育作为教育的一部分，即在训练的同时，让学生不脱离学校环境，不放松学术要求，尊重学生全面发展的需要，较好地解决了学习与训练的矛盾。在美国，中学、大学发展竞技篮球并没有向上一级组织输送人才的目标要求，目的旨在为学生提供一种教育发展所需要的身体体验。但我们也应该看到，随着职业化、商业化的不断深入，美国竞技体育人才体教结合培养模式的内在矛盾也在不断地聚合、放大，其原因有来自资本主义高度商业化的影响，或者是美国本土

---

① 潘志琛. 我国优秀运动员文化教育体系的研究［M］. 北京：北京体育大学，2004.5.

文化追求个性自由特性的影响，而更本质的则可能来源于体育和教育培养目标的差异。

（2）动力主要来源于学生个体的需要，源于个体对篮球的兴趣和身体活动的需要。各种培养组织的动力也不是全由国家利益驱动。在澳大利亚，基层培养组织——社区俱乐部，全是由个人组织成立的，学员自费，俱乐部经营完全按市场机制运作，自主经营，自负盈亏，国家不予干涉。个体、组织即是动力的发生主体，同时也是动力的利用主体。

（3）激励手段主要采用物质激励。运动员因运动成绩优异就可获得奖学金和其他允许的社会资助，在美国，这对就读于收费不低的学校的有篮球特长的运动员来说很重要；另外，没有因运动成绩优异而对学生奖励学分、减免所修课程的激励措施，注意到激励方向与培养目标保持一致。

（4）控制个体、组织的行为规范主要是通过组织控制与个体自律来实现的。培养组织制定各种具体细致的条例规章，并按法律化操作，对竞赛、选拔、招生、学术成就等实施严密的控制。这在 NCAA 对其成员组织及学生运动员的控制机制中体现得尤为明显。

（5）保障体现出社会公正，注重对成绩优异的运动员提供物质保障。国家主要负责提供完善的培养人才所需的基础设施；培养经费与医疗、伤残保险则是由国家 + 社会 + 个人共同来提供保障。在美国，保障的责任与实施主体是各级培养组织，由其通过市场化运作来筹措保障组织运行与学生运动员发展的全部经费。

第八章 中国竞技篮球后备人才培养良性运行机制的构建

第一节 竞技篮球后备人才培养运行机制重构的总思路

把握历史、理解现实是为了更深刻地探索未来。世界未来学会主席 E·科尼什说过："要想在一个变化多端的世界中求得生存和发展，就必须向前看。"如何构建新型竞技篮球后备人才培养运行机制，是我国篮球运动在社会转型过程中亟待解决的重要问题。而一种新的社会运行机制的建立是不可能超越现实与历史，凭空进行理论杜撰的。它要受到三个因素的影响。第一，该机制是否符合社会发展规律；第二，该机制是否与社会运行目标相一致；第三，该机制运作的社会条件是否已经具备。[①] 因此，中国特色的新型竞技篮球后备人才培养运行机制，必须建立在对我国社会发展主要特征科学洞察的基础之上，建立在对转型期我国教育、体育发展趋势充分考察的基础之上，建立在对竞技篮球后备人才培养历史经验和国际惯例进行深刻总结和合理借鉴的基础之上。

为解放、发展生产力，满足人民群众日益增长的物质与文化需要，在国际上争得应有的话语权，1978 年我国确立了改革开放的大政，社会转型加快。随之，社会政治、文化领域以及各行各业也开始发生深刻变革。在这些社会变革的洪流中，有一条非常明确的改革主线，那就是在社会由传统的计划经济体制向社会主义市场经济体制的转型过程中，所有社会改革都应坚持社会主义与市场经济的有机结合。这是因为，从价值理性的层面来看，社会主义是迄今为止人类历史上最合理的制度选择；从工具理性的层面来看，市场经济是迄今为止人类历史上最有效率的经济组织机制。[②] 发展市场经济已成为世界各国、各民族、各制度、各文化共同的价值认识，成为一种具有普适意义的经济发展方式。经济学家吴敬琏（1986）率先提出"社会主义各国所有真正的改革，无不是所谓以市场为方向"。[③] 接着他（1992）又进一步明确地认定："任何真正的改革都必定是市场取向的。"[④] 循此逻辑，本文认为，坚持竞技篮球后备人才培养与市场经济有机结合，包括制度设计和实践运行，是新型竞技篮球后备人才培养运行机制构建的总思路。

虽然市场经济不是万能的，在社会发展的一些领域还存在"失灵"现象。但历史实证和理论解析都已经说明，市场经济是人类迄今为止发现的最有效的资源配

---

① 郑杭生，等. 社会运行导论 [M]. 北京：中国人民大学出版社，1993：353.
② 王报换. 社会主义社会良性发展运行机制研究 [M]. 北京：北京大学，2001.
③ 吴敬琏. 经济改革问题探索·后记 [M]. 北京：中国展望出版社，1987：434.
④ 吴敬琏. 通向市场经济之路 [M]. 北京：北京工业大学出版社，1992：66.

置方式，是最有利于提高劳动生产率、发展社会生产力的经济组织形式，是人类迈向富裕和自由之路的理性选择。从党的十一届三中全会提出以经济建设为中心始，经1992年党的十四大明确社会主义市场经济概念，确立社会主义市场经济改革的目标与方向，经过三十多年的改革，我国的社会主义市场经济体制改革已经取得了丰硕成果。我国的经济迅速腾飞，社会政治民主化进程加快，文化的国际化与本土化日趋活跃。虽然我国还处于社会主义初级阶段，市场经济体制还很不完善，但这些有目共睹的成果坚定了我们继续进行社会主义市场经济改革的信心和决心。

　　建立社会主义市场经济体制是一场深刻的社会革命，体育工作必须适应这一重大变革。20世纪80年代以来，体育战线以社会化为突破口，在群众体育和竞技体育等方面的改革取得了显著成效。但是，体育工作中的一些深层次矛盾尚未得到根本解决。体育经费紧张，高水平体育人才缺乏，全社会参与体育的积极性、创造性发挥不够，体育工作效率、效益不高，体育事业发展的活力和后劲不足等问题，仍不同程度地存在。由此，国家体委在1993年5月的《国家体委关于深化体育改革的意见》中提出"深化体育改革的总目标是：改变原来在计划经济体制下，单纯依赖国家和主要依靠行政手段办体育的高度集中的体育体制，建立与社会主义市场经济相适应，符合现代体育运动规律，国家调控，依托社会，有自我发展活力的体育体制和良性循环的运行机制，形成国家办与社会办相结合、集中与分散相结合的格局"。2000年12月，国家体育总局在《2001—2010年体育改革与发展纲要》中又明确提出"新世纪前10年体育改革与发展的总目标是：建立与社会主义市场经济体制相适应的、符合体育发展规律的体育体制和运行机制，初步形成中国特色社会主义体育组织体系"。要求各级体育部门要认真研究和合理安排好资源配置方式，积极探索社会主义市场经济条件下体育事业的发展机制。指出要加强竞技体育后备人才培养，加快训练体制改革，建立适应社会主义市场经济体制的后备人才培养体系。2002年11月，在《2001—2010年奥运争光计划纲要》的战略措施中又提出"积极促进、引导、鼓励社会力量创办各种形式的业余训练组织……加强'体教结合'，建立跨地区、跨部门共同培育高水平后备人才的运行和激励机制，逐步形成与社会主义市场经济相适应的后备人才培养体制"。2011年11月，在《体育事业发展"十二五"规划》中提出，实施"竞技体育后备人才培养工程"，夯实竞技体育可持续发展基础。制定奥运项目竞技体育后备人才培养中长期发展规划，进行重点项目后备人才培养布局，完善业余训练评估奖励政策。开展新奥运周期国家高水平体育后备人才基地认定工作，修订奥运项目青少年教学训练大纲。落实运动员文化教育相关政策，加强对青少年体育竞赛和注册工作的管理，加强相关人员的培训。建成符合体育人才成长规律和教育规律，以培养具有较高运动技术水平、全面发展的后备人才为主要任务，以政府主导下的体教结合为资源整合机制，以基础教育阶段为重点，以国家高水平体育后备人才基地和公办体育运动学校为骨干，以少年儿童体校、青少年体育俱乐部、体育传统项目学校、体育特色学校和社会力量兴办的后备人才培养机构为基础，建立规模、布局、结构合理的后备人才培养体系，加强和巩固业余训练基础。

无论从社会转型、经济发展、文化跃迁来看，还是从体育进一步改革以满足社会进步和经济发展对竞技体育的更高需求来看，适应市场经济都是我们深化竞技体育改革的必然选择。从我国颁布的一系列体育改革法规、纲要中，我们也能明白无误地读出，培养竞技体育后备人才、保证竞技体育可持续发展的重中之重就是尽快建立与社会主义市场经济体制相适应的培养体制。所以，市场经济理应成为新型竞技篮球后备人才培养运行机制重构的原生点。

第二节 竞技篮球后备人才培养的时代规定性

从一般系统论理解，社会是一个系统，社会发展是社会诸系统有机联系、协同运动的结果。竞技篮球属于体育范畴，体育事业作为社会的一个子系统，其发展是建立在社会诸领域协同运动基础之上的。我们构建竞技篮球后备人才培养运行机制的未来图景，应该体现出人才培养合规律性与合目的性的统一。因此，对当代与体育事业发展紧密联系的社会环境及未来走向进行深刻考察是必需的。

一、竞技篮球后备人才培养历史阶段考察

从社会历史观的角度来审视中国的国情，有两个基本点必须予以重视：一是中国是一个社会主义国家；二是中国还处于社会主义初级阶段，中国社会仍然面临着严峻的现代化社会转型任务。认识这两点，对建立新型竞技篮球后备人才培养运行机制来说，意义非常重大。

众所周知，在马克思主义原理中，社会主义通常在资本主义充分发展的基础上产生，是指克服资本主义社会弊端的新型社会制度。但特定的历史条件使中国经历了在贫穷落后的国家建设社会主义美好社会的艰难历程。在 50 多年探索建设社会主义道路的实践过程中，贯穿始终的一个历史任务就是，怎样把落后的条件同只有在发达的条件下才能充分实现的社会目标有机结合起来。一边是很低的条件，一边是较高的目标，如何才能顺利地实现两者的过渡和衔接，这就是摆在我们面前的历史性任务。[①] 概括建设中国特色社会主义理论在初级阶段的主要内容之一就是：社会主义初级阶段是一个至少有上百年历史的漫长阶段，制定各项事业发展的方针政策必须以这个基本国情为依据，不能脱离实际，超越阶段。

为进一步提高篮球运动水平，制订科学合理的发展规划，我们必须正确认识到现阶段我国仍处于社会主义初级阶段，我们要发展的是中国特色社会主义体育事业和篮球事业。充分认识体育在经济、社会发展中的重要地位和作用，坚持体育与经济、社会协调发展。所以，在构建竞技篮球后备人才培养运行机制的目标模式时，一方面，我们必须认识到我国社会主义建设所处这一历史阶段的特殊规定性，不能

---

① 雷龙乾. 中国社会转型的哲学阐释 [M]. 北京：人民教育出版社，2004：172-195.

脱离这一现实国情，不能照搬外国模式。忘了这一点，"就是忘记了事物的本质，也就离开了中国的发展道路。"① 另一方面，也不能片面强调国情与我国竞技体育的特点，而置竞技篮球发展和后备人才培养规律与要求于不顾。不应以"切合实际"与否作为重构竞技篮球后备人才培养运行机制的依据，因为改革本身就是破旧立新的事业。我们经常从体育的现实性质出发来理解体育的变革，实际上这是把需要改变的东西作为改革的依据。如认为不同社会基础和普及程度的运动项目，有的可以社会化，有的则不能。事实上，在另一种制度安排或技术条件下，目前还没有社会化的运动项目也可以社会化，那种借口有些项目因为国家政治需要具有社会效应，而要求国家干预那些项目发展的主张是站不住脚的。国家也许应当为这些项目的社会效应提供一定的补偿，但这种补偿不能等同于国家对其进行行政干预。计划经济时期，体育是纯粹的公共物品，但现在已大不一样，这就是制度变革的功效。

二、竞技篮球后备人才培养社会环境考察

党的十六届五中全会坚持以科学发展观统领经济社会发展全局，按照立足科学发展、着力自主创新、完善体制机制、促进社会和谐发展的总要求，审议通过了《中共中央关于制定国民经济和社会发展第十一个五年规划的建议》（以下简称《建议》），作为指导今后一个时期我国经济社会发展的纲领性文件。《建议》要求各行各业切实把经济社会发展转到以人为本、全面协调、可持续发展的轨道，进一步转变观念、明确发展思路、创新发展模式、提高发展质量，切实把科学发展观贯穿于经济社会发展全过程。和谐社会新理念的提出，使我国社会主义现代化建设的总体布局由发展社会主义市场经济、民主政治和先进文化的"三位一体"，扩展到包括社会主义和谐社会在内的"四位一体"的战略格局。② 在十八届三中全会《中共中央关于全面深化改革若干重大问题的决定》（2013）中，提出了全面深化改革的总目标是完善和发展中国特色社会主义制度，推进国家治理体系和治理能力现代化。必须更加注重改革的系统性、整体性、协同性，加快发展社会主义市场经济、民主政治、先进文化、和谐社会、生态文明，让一切劳动、知识、技术、管理、资本的活力竞相迸发，让一切创造社会财富的源泉充分涌流，让发展成果更多更公平地惠及全体人民。建设统一开放、竞争有序的市场体系，是使市场在资源配置中起决定性作用的基础。转型社会中的经济形态、政治形态、文化形态以及教育和体育领域的深刻变化，将构成竞技篮球后备人才培养的特殊社会运行环境。下面我们分小节简要分析社会各具体形态的转型趋势。

（一）社会经济形态的转型前景与展望

21世纪是我国经济和社会发展的重要时期，是进行经济结构调整的重要时期，

---

① 邓小平文选 [M]. 第3卷. 北京：人民出版社，1993：204.
② 郑婕. "体教结合"培养高水平竞技体育人才的研究 [D]. 北京：北京体育大学，2006.

也是完善社会主义市场经济体制和扩大对外改革开放的重要时期。到21世纪中叶要基本实现现代化，把我国建成富强、民主、文明的社会主义国家。根据十六大的部署，21世纪的头二十年的基本任务和目标是全面建设小康社会，在优化结构和提高效益的基础上，国内生产总值到2020年力争比2000年翻两番，综合国力和国际竞争力明显增强，基本实现工业化，建成完善的社会主义市场经济体制和更具活力、更加开放的经济体系。2020年到2049年的第二阶段，即国庆100周年，工业、农业、科学技术、国防基本实现现代化，人民生活达到中等发达国家水平。2050年到2079年的第三阶段，大约30年，即到中国以经济建设为中心的改革开放100年，人民生活普遍达到比较富裕程度，国民生产总值继续增长。2080年到2100年，大约20年，即到21世纪末，中国赶上发达国家水平，人民生活达到全面富裕程度。2005年国内生产总值超过18万亿元人民币，按当前汇率计算，人均超过1700美元。以此为起点，根据"十五"时期国内生产总值与经济年均增长速度（见图8-1），有专家预测，2020年GDP将超过43万亿元人民币，人均超过3 500美元，进入中上等收入国家行列[①]（见图8-2）。

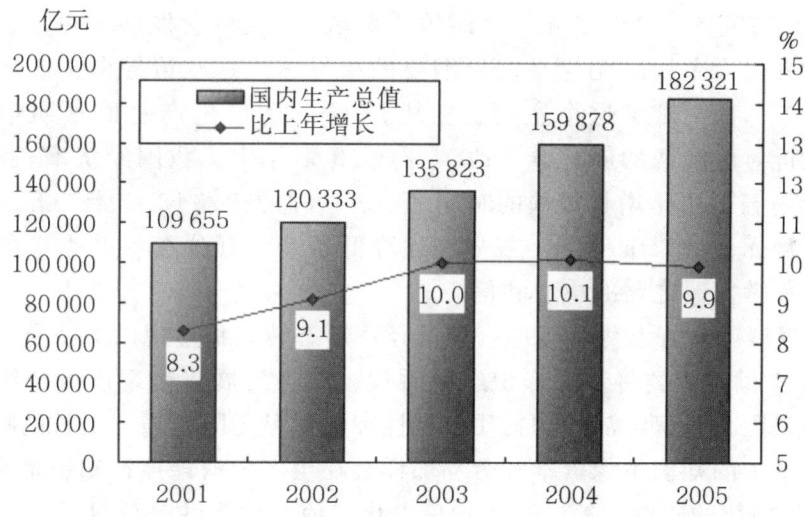

图8-1 "十五"时期国内生产总值与经济年均增长速度

资料来源：国家统计局《2005统计公报》。

实际上，根据国家统计局的数据，2006—2010年，我国国内生产总值年均实际增长11.2%，不仅远高于同期世界经济年均增速，而且比"十五"时期年平均增速快1.4个百分点，是改革开放以来最快的时期之一。2010年我国国内生产总值达到397 983亿元，扣除价格因素，比2005年增长69.9%。经济总量居世界位

---

① 王梦奎. 关于"十一五"规划和2020年远景目标的若干问题［J］. 2005中国经济形势分析与预测，2005（1）：3-5.

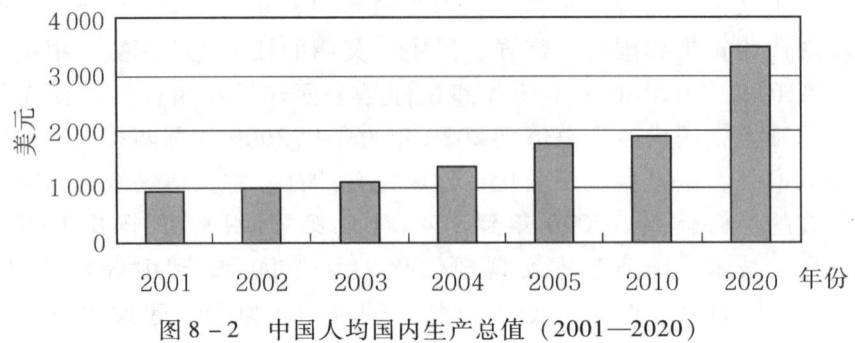

图 8-2 中国人均国内生产总值（2001—2020）

次稳步提升。2010年，我国国内生产总值按平均汇率折算达到58 791亿美元，成为仅次于美国的世界第二大经济体。同期，我国城乡居民收入快速增长。去年，我国城镇居民人均可支配收入19 109元，比2005年增长82.1%，扣除价格因素，年均实际增长9.7%；农村居民人均纯收入5 919元，比2005年增长81.8%，扣除价格因素，年均实际增长8.9%。[①]

在"十二五"规划纲要中，开宗明义地提出"转变方式、开创科学发展新局面"，点出了贯穿整个"十二五"时期的"灵魂"：以科学发展为主题、以加快转变经济发展方式为主线。无论是规划纲要的指导思想、政策导向，或者是发展目标、重点任务，都突显了这个主题、主线。7%的国内生产总值预期年均增长目标，清晰地折射出发展的新理念。改革开放30多年来，我国经济增长势头不减，过去的"十一五"更是增长最快的时期之一。这样的背景下，"十二五"规划却调低年均增长目标，与"十一五"规划相比降低0.5个百分点。主动"变挡减速"，充分展现走科学发展之路的决心和信心。

与经济发展的良好态势相呼应，我国经济形态转型将呈现以下特点：第一，更加持续性。21世纪人类将步入知识经济时代，经济发展将呈现出可持续性和递增性特征。一是因为知识经济的非物质依赖性和知识可无限积累、增长的特性；二是由于知识经济中的知识不像资本和劳动那样会在生产中消耗掉，知识是唯一不遵循"收益递减"规律的资源。第二，更加信息化。信息化指的是信息活动（包括信息的生产、传播和利用等）的规模相对扩大及其在国民经济和社会发展中作用相对增大的过程，它是一种物质的社会经济现象。信息作为一种资源，可提高生产效率和经济效益。第三，更加开放性。在全球化的影响下，我国的经济将从内向型向外向型转变，逐渐加快与地区经济和世界经济一体化的进程，但仍将保持经济的民族化趋势。

（二）社会政治形态的转型趋势

根据党的十六大部署，在21世纪前二十年，发展社会主义民主政治，建设社

---

① 新华网. 北京2011年3月1日. 新发展 新跨越 新篇章——我国"十一五"经济社会发展成就综述.

会主义政治文明，是全面建设小康社会的重要目标。为此，十六大报告提出了建设社会主义政治文明的具体措施，如：坚持和完善社会主义民主制度；加强社会主义法制建设；改革和完善党的领导方式和执政方式；改革和完善决策机制；深化行政管理体制改革等。党的十八大报告在新的时期进一步明确了全面深化改革的重要任务，全面深化改革，必须高举中国特色社会主义伟大旗帜，以马克思列宁主义、毛泽东思想、邓小平理论、"三个代表"重要思想、科学发展观为指导，坚定信心，凝聚共识，统筹谋划，协同推进，坚持社会主义市场经济改革方向，以促进社会公平正义、增进人民福祉为出发点和落脚点，进一步解放思想、解放和发展社会生产力、解放和增强社会活力，坚决破除各方面体制机制弊端，努力开拓中国特色社会主义事业更加广阔的前景。紧紧围绕坚持党的领导、人民当家做主、依法治国有机统一深化政治体制改革，加快推进社会主义民主政治制度化、规范化、程序化，建设社会主义法治国家，发展更加广泛、更加充分、更加健全的人民民主。紧紧围绕建设社会主义核心价值体系、社会主义文化强国、深化文化体制改革，加快完善文化管理体制和文化生产经营机制，建立健全现代公共文化服务体系、现代文化市场体系，推动社会主义文化大发展大繁荣。加快转变政府职能，深化行政体制改革，创新行政管理方式，增强政府公信力和执行力，建设法治政府和服务型政府。

由此，我们可以看出转型社会政治形态的发展趋势：第一，民主化趋势。江泽民同志指出："建设高度的社会主义民主和完备的法制，是我们的根本目标和根本任务之一，也是人民群众的共同愿望。"[①] 对于转型期中国社会而言，社会政治形态的进一步民主化既是社会主义社会政治形态的内在要求，也是我国社会政治形态现代化的必然趋势。首先，民主一直是人类孜孜不倦追求的政治理想；其次，伴随我国社会主义市场经济的发展和推进，政治领域的变化必然是民主程度的提高；最后，转型期社会是利益结构的变换与重组，要求在政治领域内提供一种使各种利益诉求得以表达的制度化途径，民主化程度更高的制度安排无疑是最佳选择。第二，法治化趋势。党的十五大提出了依法治国，建立社会主义法治化国家的方略。党的十八大又提出了要紧紧围绕坚持党的领导、人民当家做主、依法治国有机统一深化的政治体制改革，加快推进社会主义民主政治制度化、规范化、程序化，建设社会主义法治国家，发展更加广泛、更加充分、更加健全的人民民主。改革开放以来，我国法治化进程已经取得了长足的进步。进入 21 世纪，随着社会主义市场经济体制逐步完备和成熟，我国法治化进程必将取得进一步发展，从而为我国社会政治形态的现代化提供更坚实的法治保障。

（三）社会文化形态的未来走向

十六大报告指出："全面建设小康社会，必须大力发展社会主义文化，建设社会主义精神文明。"党的十八大报告进一步提出要推进文化体制机制创新，建设社会主义文化强国，增强国家文化软实力，坚持社会主义先进文化前进方向，坚持中

---

① 江泽民. 论中国特色社会主义（专题摘编）[M]. 北京：中央文献出版社，2002：298.

国特色社会主义文化发展道路，培育和践行社会主义核心价值观，巩固马克思主义在意识形态领域的指导地位，巩固全党全国各族人民团结奋斗的共同思想基础。紧紧围绕建设社会主义核心价值体系、社会主义文化强国、深化文化体制改革，加快完善文化管理体制和文化生产经营机制，建立健全现代公共文化服务体系、现代文化市场体系，推动社会主义文化大发展大繁荣。坚持以人民为中心的工作导向，坚持把社会效益放在首位、社会效益和经济效益相统一，以激发全民族文化创造活力为中心环节，进一步深化文化体制改革。提高文化开放水平。坚持政府主导、企业主体、市场运作、社会参与，扩大对外文化交流，加强国际传播能力和对外话语体系建设，推动中华文化走向世界。未来的我国社会文化形态，将是全面小康社会的一个重要组成部分。全球化去疆域性的渗透和扩张，为中国文化形态的发展提供了机遇和挑战。在对传统文化批判继承中，在对外来文化辩证的舍弃中，中国文化的发展将更具开放性和现代性。当代中国唯物史观派的代表人物张岱年在展望21世纪时指出，中国文化在21世纪将以建设中国特色社会主义新型文明为主题，作出具有历史意义的创新。包括：①创造一个富强、民主、文明的社会主义现代化新中国；②创造物质文明与精神文明高度统一的中国特色社会主义新型文明；③开创一体两翼式的中国特色社会主义新型体制：新型市场经济—新型民主政治—新型科学文化；④开创"体制改革—经济起飞—国家统一—文化复兴"四大潮流有机统一的跨世纪中国主潮；⑤开创中国特色社会主义现代化的新道路和新模式；⑥创造现代革新的中华民族精神；⑦创造中国特色社会主义的新型价值体系；⑧创造富有时代精神与东方神韵的新方法理论体系；⑨创造大器晚成、现代复兴的中华文明新形态；⑩创造现代新型主体性，以熔铸21世纪新型世界文明。① 这些创新内容体现了我国社会文化形态的发展趋势。

（四）转型期教育改革与发展趋势

随着当代科学技术的迅猛发展，尤其是面对信息化社会，世界愈来愈多的国家认同以下的"发展因果链"：社会、经济发展将越来越依靠科技进步和劳动者素质的提高，而科技进步和劳动者素质的提高又有赖于教育的发展。所以教育处于一个基础地位，恰如美国著名学者刘易斯在《21世纪的教育》一文中所指出的："教育在工业化时代只是一种陪衬，而今则是信息时代的基础。"② 在未来的10年左右，是我国经济和社会发展的重要时期，党的十八大提出了要进一步深化教育领域综合改革。全面贯彻党的教育方针，坚持立德树人，加强社会主义核心价值体系教育，完善中华优秀传统文化教育，形成爱学习、爱劳动、爱祖国活动的有效形式和长效机制，增强学生社会责任感、创新精神、实践能力。强化体育课和课外锻炼，促进青少年身心健康、体魄强健。因此，教育在一段时期内，必须坚定不移地实施科教兴国战略，抓紧完成并不断深化各项重大教育改革，加速教育事业的发展，把

---

① 贺善侃. 当代中国转型期社会形态研究 [M]. 上海：学林出版社，2003：220 - 221.
② 瞿葆奎：国际教育展望 [M]. 北京：人民教育出版社，1993：328.

人力资源作为国家资源的重要组成部分，全面提高国民素质，培养大量具有创新精神和实践能力的人才，千方百计缩小同一些发达国家的差距，为我国经济、社会的快速、持续、健康发展，做出应有的历史性贡献。这是我国教育事业的总体发展趋势。

国运兴衰，系于教育。党的十七大提出了"优先发展教育，建设人力资源强国"的战略部署。在《全国教育事业第十一个五年计划》中，基于"十五"时期各类教育发展情况（见表8-1）又明确强调了现代教育的普及，指出到2010年，全国"普九"人口覆盖率接近100%，初中毛入学率达到98%，初中三年保留率达到95%以上，逐步使所有学校均符合基本办学条件标准，达到基本教育质量要求。在我国全面推进素质教育，重视人的全面发展，重视人在各类活动中的丰富精神的统一；重视人在品行上以及同他人相互关系上的道德纯洁；重视体魄的完美、审美需求和趣味的丰富及个人兴趣的多样性。在《国家中长期教育改革与发展规划纲要》（2010—2020）中提出了新的战略目标。到2020年，基本实现教育现代化，基本形成学习型社会，进入人力资源强国行列。实现更高水平的普及教育。基本普及学前教育；巩固提高九年义务教育水平；普及高中阶段教育，毛入学率达到90%；高等教育大众化水平进一步提高，毛入学率达到40%；扫除青壮年文盲。新增劳动力平均受教育年限从12.4年提高到13.5年；主要劳动年龄人口平均受教育年限从9.5年提高到11.2年，其中受过高等教育的比例达到20%，具有高等教育文化程度的人数比2009年翻一番。形成惠及全民的公平教育，建成覆盖城乡的基本公共教育服务体系，逐步实现基本公共教育服务均等化，提供更加丰富的优质教育，教育现代化水平明显提高。

表8-1 "十五"时期各类教育发展情况　　　　单位：万人

指标	2005年在校生	2001—2005年累计毕业生	其中：2005年
普通高等教育	1 562	971	307
中等职业教育	1 559	1 919	403
普通高中	2 409	2 391	662
初中	6 215	9 864	2 123

通过对以上我国教育事业今后5—10年发展规划的分析，我们知道我国教育事业未来的发展状况是在过去取得成果的基础上，将教育事业改革向纵深推进。表现出的总的倾向是：突出教育战略地位，积极为教育现代化做准备；重视"科教兴国"，强化科学教育；积极推行义务教育，努力实现教育机会均等，加快教育民主化进程；面向世界，促进教育国际化；面向未来，建立终身教育的新体系。教育事业的这种发展趋势对竞技体育和竞技篮球后备人才的培养将一如既往地营造和提供良好的发展环境。

（五）转型期体育改革与发展趋势

我国体育事业在未来的发展情况又是怎么样呢？是否还依然给竞技篮球后备人

才培养提供便利的条件呢？对于这一问题的回答在相当多的文件和规划中做了相关论述。

《全国体育人才发展规划》（2010—2020年）制定的总体目标是：进一步深化改革，不断强化人才强国、人才强体观念，体育人才在体育事业发展、体育强国建设中的基础性、战略性、决定性作用得到充分发挥。培养和造就一支数量充足、结构合理、门类齐全、素质优良的体育人才队伍。体育人才资源总量稳步增长，体育人才队伍规模不断壮大。体育人才素质显著提高，体育人才的结构更加优化。体育人才发展机制体制创新取得突破性进展。体育人才发展投入稳步增加，体育人才教育培训体系进一步完善。体育人才管理工作格局不断优化。坚持统筹兼顾，分步实施。2015年以前，以完善体育人才工作协调机制和实施体育人才培养专项计划为主要抓手，推进体育人才服务体系创新；到2020年，全面落实各项任务，推动体育人才队伍协调发展。竞技体育人才队伍总体目标：围绕进一步增强我国竞技体育的综合实力和国际竞争力，不断提高竞技体育人才队伍的文化素质和职业道德素质，全面提升竞技体育人才队伍的综合素质和业务能力。利用政策杠杆，完善各类竞技体育人才的选拔、培养、使用、激励和保障制度，充分发挥各类竞技体育人才的积极性和创造性。整合全国竞技体育人才资源。加强各级各类体校、体育传统项目学校、青少年户外体育活动营地、青少年体育俱乐部教练员、科研人员、管理人员的培训、培养，提高青少年业余训练的科学化水平，夯实竞技体育后备人才基础。加强学习和培训，不断提高运动员文化素质和职业道德素质，促进运动技术水平的提高；修订和完善各级运动员注册交流管理制度，促进高水平运动员合理流动。

在《体育产业十二五规划》中提出，要进一步完善体育产业扶持政策，建立体育产业发展政策体系；继续保持体育产业快速发展，增加值以平均每年15%以上的速度增长，到"十二五"末期，体育产业增加值超过4 000亿元，占国内生产总值的比重超过7%，从业人员超过400万，体育产业成为国民经济的重要增长点之一。"十一五"期间，在国家经济社会以及体育事业快速发展的大背景下，我国体育产业乘势而上，规模不断扩大，呈现出较快的发展态势。2008年全国体育产业从业人员达到317万人，实现增加值1 555亿元，较2007年增长16%，明显快于国内生产总值的增长速度。体育彩票销量持续增长，"十一五"期间共实现销售额2 428亿元，提取公益金728亿元。体育市场体系逐步完善，产业结构进一步优化，体育市场主体日趋成熟，呈现投资主体多元化的发展趋势。体育系统大力推行社会化、产业化，大力开拓体育市场，确立和保证体育事业多渠道、多层次、多形式的产业化筹资机制，将为后备人才的培养提供一定的经费保障。

在《体育事业"十一五"规划》中指出，"十一五"时期体育事业的进步为新时期体育事业的发展奠定了良好基础。为满足群众日益增长的体育需求，提出的竞技体育的总体目标是：在奥运会等重要国际赛事中取得优异成绩，为国争光。而在人才培养方面，提出了要加强竞技体育后备人才的培养，实施"全国体育后备人才培养工程"，加强国家高水平体育后备人才基地的建设。重视体育后备人才培养工作，努力改善体育后备人才培养的训练设施和师资等各方面条件。鼓励社会力量培养体育后备人才，进一步探索体教结合的模式，拓宽体育后备人才的培养渠道。《体育事业"十二五"规划》提出的总体目标是：根据国家"十二五"总体部署和建设体育强国的任务要求，进一步夯实体育发展的社会基础，深化改革，加快发展，提升中国体育发展的水平和效益，改善发展结构和质量，促进体育事业又好又快发展，为体育强国建设奠定坚实基础。加快完善公共体育服务体系，提高公共体育服务水平，切实提高全民族的身体素质和健康水平，促进我国群众体育发展迈上新台阶。继续保持在奥运会等国际大赛中排名前列，改善项目发展结构和布局，巩固和提高我国竞技体育的整体水平和国际竞争力，推进竞赛体制改革，完善后备人才培养体系，增强竞技体育可持续发展能力。扩大规模，优化结构，提高质量和效益，增强体育产业创新能力，推动建立和完善中国特色的体育产业体系，促进体育产业快速发展。不断深化改革，完善运行机制，努力提升体育科技、体育教育、体育法制、人才培养、行业作风、体育外事、体育宣传等工作水平，促进中国体育管理的科学化、法治化、现代化。

从我国体育事业未来发展的规划中可以发现，我国今后体育事业的发展也是在目前这种基础上继续扩大改革成果；体现出政策和规划的一致性和连续性，这对我国体育事业各方面的发展提供了稳定的体育发展环境。但同时也发现在将来的一段时期，我国竞技体育仍以体育系统为主、其他系统为辅的发展趋势。要进一步发挥社会主义制度的优越性，坚持和完善举国体制，明确中央和地方发展竞技体育的责任，充分调动中央和地方以及社会各方面的积极性，在充分发挥竞争机制的基础上，把全国体育资源更好地整合起来。① 体育事业发展的取向无疑为竞技篮球后备人才的培养指明了方向。

第三节 建立新型竞技篮球后备人才培养运行机制可能的路径依赖

一、路径依赖理论概述

路径依赖（Path Dependence）源于技术演变过程中的自我增强机制，它指的是在新技术采用过程中往往具有的报酬递增性质。布莱恩·阿瑟（1989）给出了路径依赖的定义，他将作为动态经济过程的非遍历性（Non–periodicity）加以界定：如果在一个动态的经济系统中，不同的历史事件及其发展次序无法以100%的概率实现同一种结果，那么这个经济系统就是路径依赖的。通俗地说就是不能每次重复同一过程都导致同一结果。西方新制度经济学的主要代表之一道格拉斯·诺斯（D. C. North）将这一原理引入制度变迁之中。诺斯认为，路径依赖类似于物理学中的"惯性"，一旦进入某一路径（无论是"好"的还是"坏"的）都可能对这种路径产生依赖。其原因是：制度变迁过程存在着报酬递增和自我强化的机制。

---

① 刘海元. 中国大学竞技体育发展研究［D］. 北京：北京体育大学，2003.

这种机制使制度变迁一旦走上某一路径，它的既定方向会在以后的发展中得到自我强化，所以人们过去做出的选择决定了他们现在可能的选择。沿着既定的路径，经济和政治制度的变化可能进入良性循环的轨道，迅速优化；也可能顺着原来的错误路径往下滑，甚至被"锁定"在某种无效率的状态下而导致停滞。一旦进入锁定状态，要脱身而出就会变得十分困难。① 路径依赖具有多重均衡、锁定、潜在非效率和不可预测性的特点。②

以诺斯为代表的新制度经济学家还认为，在社会系统中，要退出次优的路径依赖的变迁路径，其条件取决于形成自我强化机制的各种因素的性质，即该路径产生的递增收益是否具有可逆性和可转移性。如果收益递增的强化机制来源于固定成本和学习效应，那么要发生路径替代并退出闭锁状态的难度就很大。如果收益递增的强化机制来自系统的各种网络效应，如协作效应、适应性预期等，行为主体则只要加强信息交流，形成一致性行动，路径替代就可能发生。③ 因此，在退出锁定的过程中，政府的干预和一致性行动十分重要。④

由前文分析我们知道，竞技篮球后备人才培养是一个系统工程，涉及众多社会经济、政治和文化因素、变量，由于这些因素、变量在空间上和时间上都有不同的结构，它们之间的机制不是简单的径直的因果规定，而是表现出明显的非线性特征。并且，转型期随着体育的社会化，竞技篮球后备人才培养逐渐成为一个开放的系统，不停地与外界发生着物质、能量和信息交流，具有一定的自组织特点。从竞技篮球后备人才培养的内部管理来说，从决策到实施、监控存在一个完整的正反馈机制。再有，决定竞技篮球后备人才培养的社会经济、文化发展具有路径依赖性。竞技篮球后备人才培养的这些特点与路径依赖理论分析方法的特征具有内在的一致性。因此，我们引进路径依赖理论作为构建竞技篮球后备人才培养运行机制目标模式的理论分析工具，试图从路径依赖理论的新视角，研究如何完善和创新竞技篮球后备人才培养运行机制。一方面可以拓宽路径依赖理论框架的应用范围，另一方面也可以深化对竞技篮球后备人才培养模式选择的认识，帮助我们解放思想，退出僵

---

① 严清华，等. 路径依赖、管理哲理与第三种调节方式研究 [M]. 武汉：武汉大学出版社，2005：13-16.
② 多重均衡指系统演进的结果不是单一的，而是存在多种选择；锁定是指一旦偶然性因素使某一方案被采纳，收益递增机制便会阻止它受外部因素的干扰或被其他方案替代；潜在非效率，即由于收益递增机制和其他因素阻止人们对其他方案的利用开发和动态认识，从而使陷入闭锁状态的方案并非最优。路径依赖使事件锁定在多重均衡结果中的一种，至于究竟哪一种结果会出现将是无法预测的，这种结果可能是非效率或低效率的。
③ 布莱恩·阿瑟在分析技术变迁时指出了四种自我强化的机制，即：大规模组织或固定成本，由此产生的随产出增加而单位成本下降的优势；学习效应，即通过边干边学和默认知识的获取而使产品技术改进，成本降低；协作效应，即技术协作产生的运用网络效应；适应性预期，即技术的运用增强了相互间的了解和信任度。
④ 严清华，等. 路径依赖、管理哲理与第三种调节方式研究 [M]. 武汉：武汉大学出版社，2005：56-88.

化体制的思维闭锁，与时俱进，不要轻易形成路径依赖。

二、中国竞技篮球后备人才培养体制改革可能的路径选择

原计划经济体制下，政府行政干预模式是中国竞技体育的运行模式。市场经济体制转轨时期和市场经济条件下的中国竞技体育，则是在政府行政干预和市场调节下运行的。中国经济体制改革的渐进式决定了中国的竞技体育体制的改革过程必然是一个渐进式的过程。

我国的体育体制改革滞后于经济体制改革，直到20世纪80年代中期与90年代初期，竞技体育体制改革才逐渐进入实质阶段，逐步建立适应社会主义市场经济体制的竞技体育体制。20世纪90年代中国体育的改革可以概括为：以体育管理体制和机制为核心，以运动项目改革为龙头，以体育的社会化和产业化为方向的改革。改革的目标是建立适应社会主义市场经济体制下的体育管理体制和运行模式。篮球运动管理中心就是20世纪90年代末体育体制改革的产物。从职能来看，篮球运动管理中心具有双重身份，既是事业单位，行使行政管理职能，又具有经济实体的性质，进行竞技篮球的事业经营和企业经营。国家体育总局放权给管理中心，管理中心对国家体育总局负责。目前的运动项目管理中心体制的运行是双轨制，一方面是国家财政拨款，向国家要钱；一方面开展社会经营，向社会筹钱；篮球运动管理中心将竞技篮球推向市场进行运作，是适应社会主义市场经济的一项举措。客观地说，是国家体育总局给篮球运动管理中心放的权。就是由于这种放权，使得我国的竞技篮球由完全靠国家办正在逐步步入向社会办的轨道。

综观篮球运动管理体制的改革，可以发现，政府控制竞技篮球运行的行政权力从总体上来说，没有放，只是在形式上有了改变，给了运动管理中心一部分经营权，为竞技篮球走进市场和竞技篮球社会化提供了一定条件。改革的步骤也是渐进的，在改革的初期，这种改革收到了一定的效益，我国职业篮球的发展就是有力的证明。竞技篮球管理体制之所以采用渐进式改革，这是由竞技篮球改革的性质和当时经济、政治和体育体制改革的大环境决定的。客观上，竞技篮球采用渐进式改革具有历史的合理性。表现在两个方面：

第一，市场经济条件下的中国竞技篮球的运行十分需要稳定的秩序

中国竞技篮球管理体制是在原计划经济体制下形成的，它完全依靠政府的力量推动其运行。在社会主义市场经济建设的初期，由于还没有形成竞技篮球的消费市场，竞技篮球社会化的基础条件还不具备，社会对竞技篮球的投入也是十分有限的，即竞技篮球进入市场的条件还不成熟，需要有一个过程。如果缺少了政府的帮助，将竞技篮球推向市场和社会，完全按照市场经济的契约模式调控竞技篮球的运行，这样原计划经济体制下形成的竞技篮球运行模式的惯性与市场经济体制下的市场运作模式就会产生强烈的碰撞。在新的利益结构、新的秩序还没有建立起来的时候，举国体制下竞技篮球发展的稳定秩序势必会受到严重影响。这是人们不愿看到的。因为，篮球竞技水平的提高不是一朝一夕的事，需要一个长期的过程。

第二，渐进式改革有利于竞技篮球利益主体的培育

计划经济体制下，中国竞技篮球的利益主体具有单一性，而在市场经济条件下，竞技篮球利益主体具有多元性，国家、个人、条条（行业）、块块（地方政府）、企业是最主要的利益主体。这样，竞技篮球运行中出现的不同利益需求的利益主体形成新的利益结构，并进而形成新的竞争格局来推动竞技篮球的运行。而新的利益结构和竞争格局是逐渐形成的。[①]

"市场经济需要先有利益主体，然后才能不断校正市场经济正常运转的信号。也就是说，只有主体先运行才能再校正运行主体的行为。"[②] 在渐进式改革中，竞技篮球的运行是先有不规范的行为主体和不甚正确的信号，再经过一种自组织系统的校正，使它逐渐逼近正确的信号。又通过较为正确的信号，再使其行为逐步规范化，重要的不在于初始阶段主体是否规范，而在于是否进入到一个能够不断调节、能够朝着市场经济的一个矢量方向前进的历史过程。这是竞技篮球渐进式改革的第二个合理性。

竞技篮球后备人才培养运行机制决定于社会改革、体育改革和竞技篮球改革的大背景，所以，改革也只能采用渐进的方式。运行机制的目标模式也只能是在既定的社会和体育宪政制度下，总结竞技篮球后备人才培养渐进式改革的成功经验，在现行运行机制的基础上进行完善和发展；同时，又要吸取渐进式改革的教训，对后备人才培养的具体制度安排进行调整，创新竞技篮球后备人才培养运行机制，不能陷入"路径依赖陷阱"。

第四节　竞技篮球后备人才培养运行机制的目标模式

竞技篮球后备人才培养的本质是什么？即我们要培养什么样的竞技篮球后备人才（见表8-2），是进行运行机制创新与重构的逻辑起点。在前面已经从不同的层面和维度讨论了我国社会改革的趋势、体育社会化和产业化的发展走向、竞技篮球后备人才培养的发展特征、国外培养篮球后备人才的成功经验以及我国现行竞技篮球后备人才培养运行机制存在的问题，这些方面构成了勾画竞技篮球后备人才培养运行机制未来图景的理论依据和客观基础。从发展的角度看，竞技篮球后备人才培养运行机制改革必须以市场经济为原生点，以竞技篮球后备人才的全面发展为出发点和归宿，各地区、各部门、各组织共同走竞技篮球后备人才可持续发展之路。将竞技篮球后备人才培养同整个社会视为一个统一体，谋求共同和协调发展。新的运行机制要有利于提高竞技篮球后备人才的竞技能力、有利于培养竞技篮球后备人才的综合素质、有利于促进竞技篮球后备人才的个性化发展和全面发展。中国特色的竞技篮球后备人才培养运行机制，必须按照这种本质要求和任务来构建。

---

① 李艳翎. 经济体制转轨时期我国竞技体育运行的研究 [D]. 北京：北京体育大学，2000.
② 姜洪. 利益主体、宏观调控与制度创新 [M]. 北京：经济科学出版社，1998：29.

表8-2　未来竞技篮球后备人才培养规格专家选择意向调查表　　$N=10$ 人

选项	频数	%
具有扎实的篮球专项技能	10	100
优良的从事篮球专项运动的潜能	10	100
篮球专项基本知识积累	8	80
健全的非智力情感发展	6	60
优良的思想品德修养	5	50
强烈的责任心和集体荣誉感	9	90
基本科学文化知识积累	8	80
广泛的兴趣与自我发展能力	8	80
其他	2	20

一、适度的动力机制

中国特色的竞技篮球后备人才培养的动力机制应该是一种综合性的动力利用机制。它应该既以集体、个人的物质利益为中心，把从事竞技篮球后备人才培养的各管理主体的物质利益与其培养活动的效益及其社会价值联系起来，通过物质利益的驱动，增强人才培养的动力和活力，同时，又高度强调和重视集体与个人的精神状态、精神境界的能动作用，不断提高人的思想觉悟，做到物质动力与精神动力的统一；既充分发挥集体与个人的自身内在的自觉动力，又辅之以外部的教育、管理、纪律、法规的约束乃至生存竞争的压力，做到内部动力与外部动力的统一；既充分发挥每一个成员的个体动力，又最大限度地发挥和利用国家、集体、社会的整体动力，使它们在不同层次上发挥不同的作用，做到个体动力与整体动力的统一；既注意利用由眼前利益体现的短期动力，又充分挖掘和强调具有根本性、持续性的长远动力，做到短期动力与长远动力的统一。总之，中国特色的竞技篮球后备人才培养动力机制，既不能像传统培养模式的动力机制那样只强调精神和国家的力量而忽视个人物质利益的作用，当然也不能把集体、个人的物质利益乃至金钱作为唯一的动力，而要把各种机制的长处结合起来，努力动员和利用竞技篮球全部领域、全部主体、全部层面上的力量资源，构建一个新的综合性、系统化、立体的、统一的动力系统。

从社会发展的实质来看，竞技篮球后备人才培养实质上是在时间和空间上表现出来的培养活动和各种活动关系，推进竞技篮球后备人才培养的动力系统也是以培养实践和实践关系为内容的。社会与体育的经济力、政治力、文化力三个系统的内部矛盾及其相互作用便构成了推动竞技篮球后备人才培养的动力机制。而要使培养活动可持续发展，三者构成的动力机制应是适度的。适度动力可将各培养主体需要的满足和良好的社会、体育运行秩序结合起来，既能激活各培养主体追求合理利益的动力，又能将各种动力和活动控制在规则和秩序的范围内。"适度"包括向度、量度和协和度三个内容标度。向度上，要与社会运行的总目标和体育发展的总目标一致，这是保证竞技篮球后备人才培养社会主义性质和科学发展的根本性问题。量度上，要在社会经济、政治、文化、体育客观现实基础上去实现需要的满足，不能破坏社会秩序去满足各层次的利益需求。适度动力还包括各种需要与利益追求之间的协调和优化配置。竞技篮球后备人才培养主体追求利益的动机是全面的，社会和体育领域的经济力、政治力、文化力也只有相互配合、协调动作，才有可能对竞技篮球后备人才培养发挥最有效的促进作用。对运动员、教练员个体来说，若片面追求某种需要的满足而忽视生活的其他意义，这样的动力是畸形的；对于集体或国家来说，若只注重一种动力的作用，不能建立各种动力的协调机制，这样的后备人才培养也是片面的。所以，在构建竞技篮球后备人才培养动力机制时，要有一种系统的思维，对诸种动力做优化配置，使之协调互动，以发挥其推动竞技篮球后备人才培养的最佳功能。

在实际运行中，要注意：

1. 协调各动力主体功能的发挥

国家、集体、个体在功能的发挥上必须呈耦合状态，而不是相互抵牾。要转变国家的职能定位，由行政管理型向服务型转换，充分发挥国家这一动力主体在总体决策上的调控能力，国家从人才培养的一些实践事务中退出来，利用社会的自组织、自协调功能和市场的竞争、协同机制，形成良性运行、协调发展的运行机制。各竞技篮球后备人才培养集体，要发挥其在市场经济中具体表达国家意志的主动性，适应市场变幻的敏捷性、灵活性，由下往上传导个体需求的中介桥梁作用，凝聚个体与集体力量以实现国家和集体具体目标的积极作用，等等。改变过去集体培养组织仅仅表现为实现国家政治意志、无利益需求的责任代理人的角色定位。个体主体则要充分发挥主观能动性，不再只是实现国家、集体目的的工具，逐步向实现个人价值的方向发展，提高从事篮球训练的积极性，变被动训练为主动训练。当然，这样的发展是在社会和体育制度框架下进行的。

2. 培育多元化管理主体

社会转型伴随着社会组织的转型，表现为：一是组织职能的转化；二是组织利益的独立化；三是组织类型的多元化。随着体育的社会化，竞技篮球后备人才的培养主体也必然发生分化，逐渐由以国家培养为主向以社会集体培养为主转化。培育多种跨行业、跨所有制、跨地区的利益多元化、独立化的新型后备人才培养组织，逐步取代计划经济时期专业化、单一化的培养组织。现阶段，特别要大力培育符合市场经济规律的、体教结合的竞技篮球后备人才培养主体。

3. 开发动力源，培养合理需要

动力源开发应是全面的，一方面要开发微观、中观和宏观的各级培养主体的动力，激发个体、集体和国家的利益；另一方面要引导、培养各个层面的需要，在保证满足经济层面需要的基础上，引导培养主体形成政治的、精神的高层次的需要。国家不能因过分追求政治需要而造成动力过度，扰乱公平、公正的社会秩序，而应该在合理追求这一政治需要的同时，开发国家在提高全民素质、促进青少年健康发展等方面的需要，加大对体育的重视程度和投资力度，形成推动后备人才培养全面、持续发展的适度动力。各类竞技篮球后备人才培养的集体组织在代理国家责任的基础上，还应该开发在经济、文化方面的需要；在我国生产力水平还不发达的情况下，尤其要提倡自愿求公益的责任理性，形成培养后备人才的自觉动力。个体的多层次需要应该得到尊重和全面开发，因为社会发展的终极目的就是人的全面自由发展，以此形成个体积极从事训练、竞赛的持久动力。但个人的发展应该在一套公平、合理、高效的社会规则框架内去实现，不能妨碍社会正常的秩序去获取过度需要。

二、 利益协调的整合机制

多样化竞技篮球后备人才培养主体的出现，以及由此形成的多元化利益结构，是转型期竞技篮球后备人才培养发展的必然趋势。不同利益主体的合理需要将日益增长、日益多样化，而丰富的需要势必会造成利益分化，如何整合、协调这些分力使之成为推动竞技篮球后备人才培养的合力，就需要尽快建立新的与市场经济密切联系的利益整合机制，让各个主体的合理需要体现为、过渡为利益协调。首先，要在商品经济不断发展和市场机制不断完善这一社会条件下，发挥市场机制整合、协调利益冲突的功能，在社会主义市场经济制度框架内，使各个利益主体通过"多重博弈"去获得利益的"均衡解"；其次，基于竞技篮球后备人才培养的社会公益性和建设中国特色社会主义初级阶段的客观要求，还必须强化政府整合，在宏观上整合、协调各方利益使之达成一致，使竞技篮球后备人才培养的公共利益得以实现；再次，通过文化整合形成广泛地自愿求公益的道德机制，通过宣传、教育、社会舆论等方式，把社会、国家的利益需求与集体、个体的利益需求内在地统一起来。概括地说，竞技篮球后备人才培养各主体的利益关系应该是一种在根本利益上具有一致性、在非根本利益方面具有非一致性和矛盾性的一致性与非一致性对立统一的矛盾关系，是一种由根本利益一致决定的利益协调关系。利益协调不是要取消根本利益的一致性，也不可能取消非根本利益的非一致性，而是要通过整合、协调各培养主体利益的不一致性，使之有利于增强根本利益的一致性和有利于发挥各培养主体的能动性、自主性和创造性，推动竞技篮球后备人才培养有序发展。

从社会主义初级阶段的现实国情和竞技篮球后备人才培养利益主体状况、利益结构的实际出发，吸取国内外在人才培养中处理各种矛盾的经验教训，要整合不同培养主体的利益关系，必须抓住利益明晰化、利益市场化、利益制度化这三个重要环节。

（1）利益明晰化

竞技篮球后备人才的利益结构呈多元化和复杂化的特征。要协调好各种利益关系，首先要认清目前有哪些利益差别、哪些利益矛盾，辨别各种利益差别、利益矛盾质的规定性及其量的区别。因此，可以说，利益关系明晰化，是实现利益协调、正确处理利益矛盾的首要环节和根本前提。这其中具体包括以下方面。一要利益主体明晰。所谓利益主体明晰，就是承认并确立不同性质培养主体的独立利益，使各利益主体的利益边界明晰化。二要利益表达明晰。赋予利益表达主体以应有的独立性、自主性，选择适当的利益表达形式，疏通自动排除和缓解不满情绪的利益宣泄渠道，加强各利益主体对政策制定、产出和实施的参与，建立使各方面利益表达顺畅充分、利益矛盾及时暴露的新机制。三要利益差别明晰。在社会主义初级阶段，利益差别是必然存在的一个客观现实。在经济体制转轨时期，在社会生产力还不发达的情况下，无论从激发利益主体对后备人才培养的热情、缓解和协调利益矛盾方面看，还是从建立竞技篮球后备人才培养良性运行的秩序、推动后备人才培养科学发展方面看，都必须使利益差别逐步显性化，使主要利益分配从双轨制过渡到单轨制，使利益差别明晰化。

（2）利益市场化

所谓利益市场化，也就是主要通过市场、用经济手段调节利益矛盾。在这个意义上说，利益市场化，是建设利益协调机制的核心与主体。如何实现竞技篮球后备人才培养利益市场化，以下几点非常关键。一是利益分配的市场化。经济体制转轨时期，随着篮球俱乐部制的实行，篮球行政管理机构向实体化过渡，一些社会力量开始介入竞技篮球后备人才培养领域，后备人才培养事业的非经济性发生了改变，福利性的利益分配模式也在改变。然而，后备人才培养的最重要主体——各级体校、专业队、学校，甚或俱乐部的后备队，都还未从根本上实现向商品经济、市场化利益分配模式的转换。必须加强具体的制度设计，逐步变供给制为市场分配制，变行政管理为社会管理，最终走向市场管理，使利益分配逐步货币化、市场化，才能从根本上改变追求利益的目标——向社会、向市场要效益，而不是向政府、向国家要效益，才能有效发挥利益的动力功能。二是利益调节的市场化。我国的国情和竞技体育的社会基础决定了竞技篮球后备人才培养在当前情况下仍然还需运用行政手段来加以约束。这种利益调节方式的最大弊端，就是排斥竞争和风险，人们无法从劳动付出最大化中得到利益分配的最大化，因而导致后备人才培养的效率低下，动力不足。市场竞争是市场调节机制的一个重要因素。竞争对优化资源配置具有重要作用。后备人才培养主体的利益调节必须纳入市场的统一轨道，从以行政手段为主过渡到以经济杠杆为主，才能有效激发培养主体的活力。三是利益构造的市场化。在原计划经济体制下形成的利益结构，具有封闭性的特点，其突出表现是国家严格的户籍制度、人事制度和以福利为主导的分配制度严格限制着体育部门人员的流动，尤其是优秀的运动员、教练员的流动。市场经济要求铸造一个开放性、流动性的市场型利益结构。因此，要推动和催化旧的利益结构的分解和重组，要大力培育和扶植新的培养后备人才的利益主体，要造就一个有利于后备人才培养良性运行所需要的开放性利益结构。

（3）利益制度化

在既定的社会宪政秩序上整合竞技篮球后备人才不同培养主体的利益，必须有一整套完善、科学的制度、体制、法规作保障，形成一个制度化的利益环境。经济体制转轨时期，后备人才培养的利益主体呈多元化态势，既有原体制下的既得利益集团，又有"双轨制"下的新生既得利益集团。转轨时期利益集团之间的利益摩擦如果没有新型有效的制度与法规加以规范的话，对后备人才培养的影响，不仅表现在分配不公、损失了培养效率，最为严重的是破坏了规则，使制度、规则的制定和执行不公正，从而从根本上损害了制度效率，破坏了人们对制度的信任感和相互依赖感，引起利益集团以及微观个体的矛盾和社会矛盾。因此，必须建立新型的制度，运用法律手段对各培养主体的行为予以规范和限制，逐步取消双轨制运行，实行市场的单轨制运行。[①]

另外，要建立起利益协调的整合机制，还有几个方面的问题应该很好地解决。包括：

第一，坚持"以人为本"、"全面、和谐、可持续"的科学发展观，确立"培养竞技篮球后备人才，提高竞技篮球运动水平"为整合中心，以提高竞技篮球运动水平、培养全面发展的社会主义建设者为共同利益，采用自上而下和自下而上的方式进行认同性整合。

第二，理顺不同性质的培养集体与国家之间的利益关系。随着国家逐渐淡出竞技篮球后备人才培养的具体事务，需要建立多种性质的后备人才培养组织，在这个过程中，协调培养集体与国家之间的关系成为转型期竞技篮球后备人才培养整合机制的根本性问题，这是协调不同性质的培养主体之间以及不同培养主体与其组织内的个体之间利益矛盾的前提。

第三，承认培养集体的特殊利益。也就是允许不同性质的培养集体在市场中进行合理的逐利，在不同性质的培养集体实现其特殊利益的过程中，国家通过宏观调控，在不同性质的培养集体之间进行功能、结构上的互补性整合，以求在后备人才培养整体上达到协调运行。

第四，形成"以利他为前提，自利为目的"的个体利益实现的行为逻辑。也就是说要充分开发个体的多层次需要，使之成为进行竞技篮球训练的动力。但个体需要的满足必须以符合国家利益和集体利益为前提，只能在国家、集体利益不断实现的过程中，满足个体利益。

三、全面灵活的激励机制

在现代企业管理和人力资源管理实践中，都特别注意运用合理有效的激励来激发成员动机、提高生产绩效。勒波夫（M. Leboeuf）博士在《怎样激励员工》一书中指出，世界上最伟大的原则是奖励，受到奖励的事会做得更好，在有利可图的情况下，每个人都会干得更漂亮。[②]建立良性运行的竞技篮球后备人才培养激励机

---

① 李艳翎. 经济体制转轨时期我国竞技体育运行的研究 [D]. 北京：北京体育大学，2000.5.
② 刘正周. 激励机制 [J]. 管理激励，http：//www.sina.com. 2005（2）.

制最主要的目的在于激发培养主体的积极性和创造性,引导培养主体形成符合社会运行总目标的价值观念和行为规范。由于后备人才培养组织的公共事业属性,即是以自愿、半自愿方式实现公共利益的组织,以及人才培养的长期性、培养绩效的潜在性等特点,针对现行激励机制的缺失,构建新型激励机制应注意:

(1) 激励标准的全面性。我们知道,标准不仅可用来评判绩效,还有很重要的一点就是能起到导向作用。所以,在考虑后备人才培养激励标准时,首先,要考虑标准的确立应该符合社会运行和体育运行的总目标;其次,标准要评判和引导的内容与方向维度应是综合和全面的。要坚持"以人为本""全面、和谐、可持续"的科学发展观,就要摒弃以往仅从篮球竞技能力的高低、运动成绩的好坏这一单一维度来确定是否给予奖励,应考虑青少年全面发展在思想、文化、综合素质等方面的要求,设计一些制度化的、尽可能量化的标准来进行评判并确定是否予以奖励;再次,激励标准要考虑到培养主体的多样性,对国家利益、集体利益和个体利益要贯彻全面满足原则,实行相对应的物质激励和精神激励,激发各个培养主体的动机,提高积极性和创造性。

(2) 激励机制应体现公平和效率。效率和公平问题是一对矛盾,是政策制定时的两难抉择。但两者并非"非此即彼",一项政策既可以促进效率,也可以增进公平,公平和效率的协调可以成为推进社会、组织进步的动力基础。要做到公平,罗尔斯提出了两个原则,一个是"自由的平等原则",另一个是"差别原则",两者是要以"词典式次序排列"的先后关系而不是并行关系。[①] 对竞技篮球后备人才培养主体的激励也应讲究公平,不仅要体现不同培养集体之间、培养个体之间权利的平等,即不同培养主体都应享有平等的初次资源分配权,以及激励机会的平等;而且,竞技篮球后备人才培养的激励与体育领域内其他项目以及社会其他领域的激励也要体现公平,这样从宏观上来看,才能彰显社会正义和平等。当然,在市场经济条件下进行人才培养,如果只讲平等而不讲效率,那又将回到吃"大锅饭"的年代。所以,在资源的再分配上要体现激励的差别原则,即要体现多劳多得。美国行为科学家亚当斯提出的公平理论中有一个观点,即当一个人做出了成绩并取得了报酬后,他不仅关心自己所得报酬的绝对量,而且关心所得报酬的相对量,他会进行纵向比较("目前"与"过去")和横向比较("报偿"与"投入")来确定自己所得报酬是否合理,比较的结果将直接影响以后工作的积极性。因此,科学的激励不仅要保障培养主体通过培养活动公平地获得所需的消费资料,还要激励优秀者获取较多的资源,以进一步提高培养效率。在激励过程中要引导被激励者树立正确的公平观,要认识到公平不是绝对的,不要盲目攀比。针对目前不同培养主体所采用的激励手段和方式存在较大差异的现象,如职业篮球俱乐部后备队与中小学校、体校之间,以及不同经济状况俱乐部之间就存在奖励方式的很大差异,国家应在宏观上设计既体现公平又保证效率的激励制度,避免因激励失衡而导致另一种收入分

---

① 罗尔斯. 正义论 [M]. 北京:中国社会科学出版社, 1988.

配不公，引发培养主体之间的恶性竞争。

（3）激励的层次性和多元性。基于需要的层次性和多样性，激励也应考虑层次性和多元化。因为，一般意义上的激励就是给予人们所需要的东西，包括满足内在性需求和外在性需求。竞技篮球后备人才培养主体是多元的，并且，在时间和空间上后备人才培养活动跨度较大，呈现出层次性，如小学—中学—大学、少体校—业余体校—重点体校，不同层级的培养主体其需要肯定是有差异的和不断发展变化的，因此，实施层次化激励能有效满足培养主体在不同时期、不同层次的合理需要。另外，由于不同层次的需求中也存在不同程度的物质需求和精神需求，所以，激励还应考虑多元化。

（4）激励手段的灵活性。即要注重内在激励与外在激励、物质激励与精神激励的有机结合。在专家和教练员的问卷调查中，95%以上的人认为激励手段应是物质激励与精神激励有机结合。不仅要认识到满足低层次需求能使高层次需求激励更好地发挥作用，还要认识到高层次需求的激励对于低层次需求满足具有促进作用。由于我国经济发展在短时期内还不能提供充足的社会资源用于后备人才培养激励，以及不同培养组织所拥有的资源禀赋不一样，在运用激励手段时应该把见效快、效果显著的外在激励与对主体动机影响更为深远的内在激励结合起来，灵活运用，以取得最佳激励效果。并且，要强调对高层次的成长、成就需要予以内在激励，不能过分追求外在的物质激励。现代人力资本理论中，有一条运用激励措施的原则就是：在激励重点上，激励不是以金钱为主，而是以成就和成长为主。

（5）激励过程的长期性。激励的目的在于使被激励者时刻处于适度的激励状态。不同阶段目标的达成都应有相对应的激励，这样才能保证竞技篮球后备人才在去激励状态下，又得到新的激励。因此，要求长期激励与短期激励充分结合。由于后备人才培养的长期性和竞技能力社会认可的滞后性等特点，对培养主体在培养过程的前、中、后进行相应激励就显得很重要，设立成绩追踪奖值得思考。在专家和教练员的问卷调查中，90%以上的人认为激励过程应是培养过程中和过程后的有机结合。

（6）正向激励与反向压力激励相结合。要营造一个有利于竞技篮球后备人才培养的激励文化环境。一方面，给予培养效率高、表现优异的集体和个人以较高的评价来实现正增强。另一方面，要引入风险竞争与"危机型"管理，实行反向压力激励，通过压力、否定性刺激或惩罚，减少、弱化消极行为重复发生的可能性，激发培养主体正向活动动力。在国家宏观调控下，不同性质的培养组织有序竞争可克服不思进取、消极懈怠的群体行为，催发你追我赶、努力创新的竞争格局的形成。加强对竞技篮球后备人才交流中私人交易、暗箱操作等不当行为的监督、惩罚，以及对青少年竞赛过程中出现的"以大打小"、虚报年龄等不当行为的查处，将有利于形成稳定、有序的竞技篮球后备人才培养市场，保证青少年篮球比赛的公平、公正，促进竞技篮球后备人才培养运行机制的良性运行。

四、多维统一的控制机制

对竞技篮球后备人才培养进行控制的目的在于促使培养组织和个体的价值追求与行为符合社会规范，使竞技篮球后备人才培养与社会其他领域发展协调一致，形成培养系统内部诸要素之间有机统一的秩序，从而实现竞技篮球后备人才培养目标。新型竞技篮球后备人才培养秩序应该是以多元为基础的等级秩序，既是一种纵向分层的等级秩序，又是一种横向分化的多元秩序。并且，这一秩序应该是开放的、动态的，是一种相对平衡态；培养组织之间、组织与个体之间以及个体相互之间通过合作与互动形成一种竞争与协同的张力关系。由于控制的对象是有生命的组织和有生命的人，所以，控制在体现刚性一面的同时，还应体现人本精神，即控制还应有一定的弹性。

结合前面对我国竞技篮球后备人才培养控制机制的研究，参照国外控制机制模式，笔者构建了一个"四位一体"的竞技篮球后备人才培养控制机制模型（见图 8-3）。

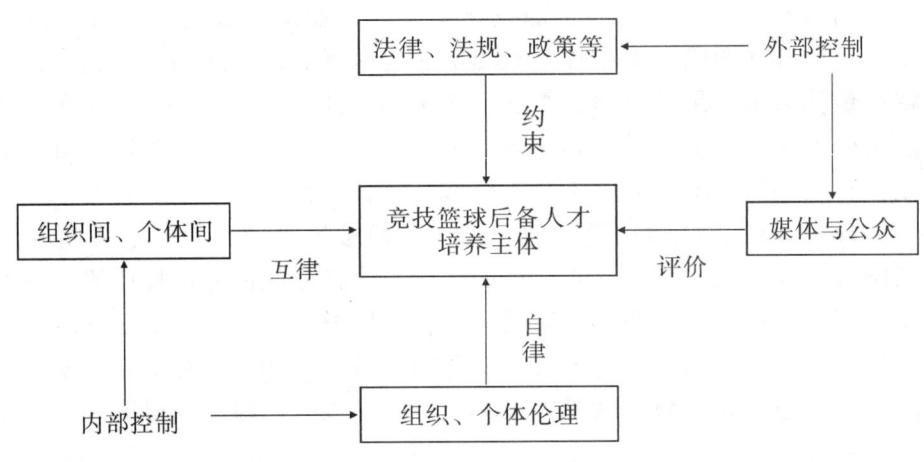

图 8-3　竞技篮球后备人才培养控制机制

（一）外部控制机制

从控制主体和力量来源上可将控制分为外部控制和内部控制。外部控制依赖培养组织结构、组织培养目标和制度化因素等外部性力量，使培养组织及成员的状态与整个组织计划、目标保持一致。根据控制是否具有法律约束力，又可将外部控制分为两种类型：一种是培养人才的管理组织依据相关法规对培养组织、个人及培养活动的控制，以权力来制约，具有法律约束力；另一种是非权力机构，如社会组织、新闻媒体或公民个人，依据宪法和法律确定的权利对竞技篮球后备人才培养进行监督，以权利进行制约，虽不具有法律效力，但可影响管理机构采取相应的控制行为。两种控制相互联系、相互促进，可以收到更好的效果。

制度决定秩序。制度性规则通过控制手段使自身被遵循，组织和个体通过行为表现出遵守和违反，组织和个体的行为就构成了整体的秩序（见图 8-4）。而制度要有足够的强制力就应该法制化,因此,制度的法制化是构建外部控制机制的关键,要加快有关竞技篮球后备人才训练、竞赛、交流、学习、就业、培训等规章制度的法制化建设,使外部控制有法可依。

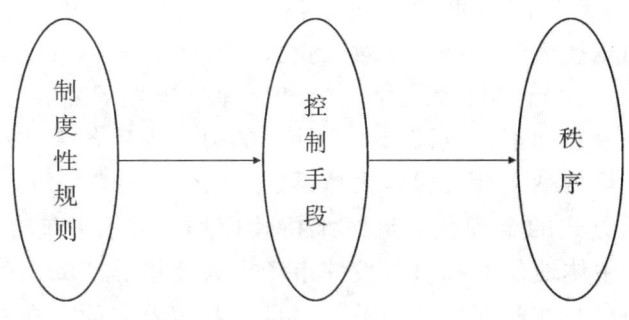

图8-4 规则-秩序关系

（二）内部控制机制

内部控制机制是指竞技篮球后备人才培养体系内部不同主体之间相互制衡、相互监督的各种机制。体育领域、教育领域以及社会组织之间的各级各类培养主体内部和培养主体之间,在认同、理解竞技篮球后备人才培养目标基础上,形成组织内集体意识,树立组织的使命感和责任感,进行同行互律。内部控制的强化有赖于行政管理职能的转变,即给予培养主体和由多个主体组成的协会更多的自主权、自治权。

（三）组织和个人的道德自律

通过培养组织的"公益人"文化塑造,激发组织成员的"公益人"动机和利他主义行为倾向,形成自愿、半自愿求公益的组织伦理,加强组织对培养目标的认同感,进行组织自律。美国社会学家E. A. 罗斯认为,在人的天性中存在着一种"自然秩序",它包括同情心、互助性和正义感三个组成部分。通过合理的引导和教育,提高个人的道德水平,唤起人类天性中的"自然秩序"来进一步实行个人的内在控制。

"四位一体"的控制机制是一个有机统一的整体,各种控制手段和方式相互联结、相互促进,不能截然分开。对培养过程的前、中、后要进行全面控制和监督,并且,要建立控制信息反馈渠道,以便及时对培养目标和控制方式进行调整。通过有效的控制,确保竞技篮球后备人才培养活动"井然有序,活而不乱"。

五、制度健全的保障机制

建立完备的竞技篮球后备人才培养保障机制是坚持和落实以人为本的科学发展观,实现后备人才培养全面、协调、可持续发展的必然要求,也是构建和谐社会和促进竞技体育与社会其他领域协调发展的客观需要。竞技篮球后备人才培养保障机制不仅要保证整个培养体系的健康、安全运行,还要为体系内的组织、成员提供基本和必要的生活保障,以及为组织、成员向高层次发展提供所需保障。为此,竞技篮球后备人才培养保障机制发展的目标应包括：

（1）保障覆盖目标应该全面化。要把整个培养体系以及体系内的所有组织、成员纳入保障的覆盖范围，发挥保障机制作为竞技篮球后备人才培养的"安全网"、发展的"减震器"的功能。这一点对在我国基数庞大的县、乡、镇和农村中小学中培养、发掘竞技篮球后备人才意义重大。

（2）保障的推广应当实现社会化。应该合理分担发展竞技篮球后备人才培养保障的责任，不能单靠国家，应该依靠全社会的力量为后备人才培养提供良好的保障。要把后备人才培养纳入社会保障大体系。

（3）制度供给方式的合理化。继续维持政府作为竞技篮球后备人才培养各项制度最重要的供给主体地位，同时，发挥市场在人才培养活动中的制宪功能；为弥补行政机制和市场机制在实现公共利益、满足公共需求方面存在的政府失灵和市场失灵现象，还要有效发挥第三种制度安排——公共事业组织提供制度的作用。

（4）保障内容应该多样化、服务水平逐步高层次化。随着竞技篮球后备人才培养组织、个体需求的多样化发展，应该提供内容更为丰富、形式更为多样的保障服务。针对竞技篮球后备人才培养的特点，在加强对意外伤残等基本生活提供保障外，还应考虑为其进一步发展在就业、继续教育、技能培训等方面提供保障。

（5）保障的多功能化。保障本身具有多种功能，既有经济性功能，又有社会性功能。除了能保障成员的基本生活、训练、竞赛需要，还能促进整个培养体系的发展，组织在健全的保障下通过社会化、产业化还可能产生一定的经济效益。充分开拓和发挥后备人才培养保障制度的多种功能，不仅关系到整个培养体系的平稳运行、培养组织的健康发展和个体的生活安全，它还深刻地影响着家长和青少年对从事竞技篮球训练的发展预期。

构建新型竞技篮球后备人才培养保障机制，有几个理念我们必须牢牢把握。①公民权利和国家责任理念。培养组织和个人享受保障，这是《宪法》赋予的权利，国家提供保障也是《宪法》规定的责任。②社会责任理念。即对后备人才培养的保障不是"国家办"或者"体育部门办"的事，应该举全社会之力来分担这种责任。③公平与效率辩证统一理念。为所有培养组织和个人提供基本保障并不意味着"只要平均，不要效率"，而通过改革提高培养效率也不是必然以牺牲公平为代价的。过分追求平均，可能会滋长惰性，抑制效率的提高（如见 8-5）。因此，在发展后备人才培养保障机制时，一定要有公平和效率辩证统一的理念，从而使保障不仅在稳定整个培养体系方面，而且在提高培养效率方面都发挥积极的作用。

综合上述分析，笔者认为，要体现竞技篮球后备人才培养保障的理念，发展新型保障机制，有几个原则是必须遵循的。首先，应该从国情实际及地方实情出发，提供适度的保障。因为，保障的实施是要有制度基础和一定社会资源的，而这有赖于国民经济的不断发展及国家基本宪政秩序的稳定。其次，组织和个人在享受保障权利时，还应承担一定的责任和义务。不能片面强调国家责任，在我国经济水平发展不高、竞技篮球产业化不能募集足够多的资金的情况下，组织、家庭和个人也要

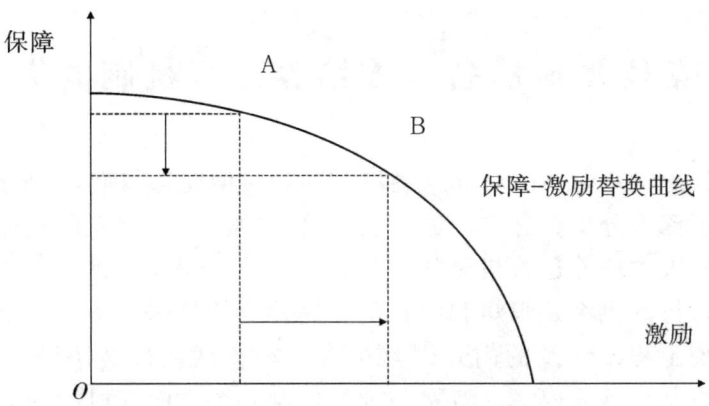

图 8-5 经济保障与生产率之间的替换

资料来源：［美］斯蒂格利茨. 经济学（下册）［M］. 北京：中国人民大学出版社，1997：77.

承担一定的保障责任。如缴纳一定的保险基金，主动进行技能学习与培训，退役后主动创业、就业等。再次，坚持普遍性与区别性相结合。要建立多层次的竞技篮球后备人才培养保障体系，在宏观上力争做到保障的全面实施，但又要根据竞技篮球后备人才培养组织的非同质性以及运动员个体水平的层级性，对体育领域、教育领域和社会中的不同培养组织，以及处于不同竞技水平的个体，制定不同的标准施以相应的保障。

第九章 竞技篮球后备人才培养运行机制的完善与创新

在前面章节的研究中,已对计划经济时期和转型期竞技篮球后备人才培养运行机制的特质作了深入分析,并在考察社会经济、政治、文化发展趋势的基础上建构了竞技篮球后备人才培养运行机制的目标模式。由于社会转型的长期性和艰巨性,要实现目标运行机制也将是艰难和漫长的。完善竞技篮球后备人才培养运行机制是一个复杂的系统工程,涉及的内外因素很多。本章试从社会协同学和管理学的角度,围绕目标机制、培养模式、竞赛与训练体制几个方面探讨我国竞技篮球后备人才培养运行机制的完善与创新(专家观点见表9–1)。

表9–1 完善竞技篮球后备人才培养运行机制专家观点调查　　$N=10$ 人

选项	频数	%
开发动力源,培养形式多样化	7	70
激励机制运行灵活、多样化	6	60
健全控制与保障机制	8	80
完善目标决策与实施机制	9	90
整合、协调多元利益	4	40
建立人才培养预警机制	4	40
其他	2	20

第一节 竞技篮球后备人才培养目标机制的完善

"假如没有目标的话,即使我们大步迈向前去,亦将无所寸进"(埃米尔·涂尔干)。每一项工作都必须为达到一定的目标而展开。竞技篮球后备人才培养活动也应该是围绕一个明确的、可行的、具体的、可验证的目标而展开的。目标机制主要是指目标制定和目标实施即目标发挥功能的作用过程。

一、变革竞技篮球后备人才培养目标制定的逻辑

在前面已对竞技篮球后备人才培养目标进行过考察,不同阶段培养目标的历史合理性是不容置疑的。在专家问卷和教练员问卷中也得到了较为一致的观点(见表9–2)。

表9-2 现行竞技篮球后备人才培养目标合理性评判

选项 对象	合理		基本合理		不够合理	
	人数	%	人数	%	人数	%
专　家（$N=10$）	1	10.00	9	90.00	0	
教练员（$N=71$）	6	8.45	63	88.73	2	2.8

笔者认为，形成这样认识的思维逻辑是基于不同历史时期人们对竞技篮球后备人才培养的价值取向决定的。在计划经济时期特定的历史条件下，"提高运动竞技水平，为国争光"是各级运动队的唯一目标，竞技篮球后备人才培养被视为实现国家和社会政治利益的手段、工具，只强调个人服从国家和社会的义务，忽视个体满足需要的权利；片面强调竞技篮球能力的培养和夺取优异竞赛成绩，轻视后备人才全面素质的教育，形成了一种"工具理性"的价值取向。并且，这种价值取向至今还深刻地影响着竞技篮球后备人才培养实践。然而，随着社会的转型，人们的观念发生了深刻的变化。体育"以个体为核心，强调人是体育的出发点，追求人的身心健全、人格完善，满足个人的需要、兴趣"[①]的内在、本质价值正在被人们认识。竞技篮球培养活动对青少年全面发展的促进作用，以及竞技篮球培养本身所具有的经济价值、教育价值、文化价值等本体价值成为人们追求的新取向。

在"社会发展的最终阶段是人的自由而全面发展"这一终极目的指向下，实现竞技篮球后备人才培养由"工具理性"价值取向向"本体理性"价值取向转变就是历史的必然。但是，在社会主义初级阶段，在我国社会渐进式改革的进程中，这种转变不可能一步到位。因为，转型社会的生产力发展水平还不足以提供满足个人自由、全面发展所需的物质基础，个人需要的满足与国家、社会的利益实现还不能达到完全一致。在转型过程中，基于"工具理性"价值取向的片面性，以及追求"本体理性"价值取向现实条件的不具备，笔者认为，符合国情的应该是"工具理性"与"本体理性"价值取向有机结合的"双重性"价值取向。

从社会协同学的角度来说，价值取向的确定直接影响到"目标关联维度"的确立以及社会协同整个过程能否顺利进行。如何完善竞技篮球后备人才培养目标，在目标的确定中体现追求"工具理性"与"本体理性"有机结合的价值取向，在下面的论述中，笔者欲引入社会协同学的核心范畴——"目标关联维度"来解析完善竞技篮球后备人才培养目标的逻辑。

二、基于"目标关联维度"的竞技篮球后备人才培养目标确定

从社会协同学理论角度来说，人类社会中有序性结构的形成，必须通过人类有目的、有计划的社会实践来进行构建。在社会领域中进行协同的逻辑起点是将人类

---

① 陈融. 世纪之交中国体育的目标取向［J］. 上海体育学院学报，1999（3）：1-5.

社会的实践目的分解为一系列相关的有序目标。社会协同学从系统操作的角度提出了"目标关联维度"概念，以表征社会协同中"目标与时间、空间、途径和效益"的统一，同时也表征不同的性质、范围和层次的社会协同产生的参量。"目标关联维度"的数学表达式为：$G = T + P + W + E$，目标关联维度是时间维度、空间维度、途径维度与效益维度之和。

竞技篮球后备人才培养是多个因素综合作用的系统工程，并且，整个培养系统表现出多因素作用的非线性特征、人才培养的不可还原性特征及自组织性等特征。要落实"全面、和谐、可持续"的科学发展观，努力构建社会主义和谐社会，促使后备人才培养良性发展，必然需要后备人才培养系统内各要素相互协同，同时，也需要培养系统与外部社会环境相互协同。由于社会协同首先是关于某种社会实践目标在实现方式上的协同。社会协同学首先要解决的问题就是如何科学地进行社会实践目标的选择与确定。考察既往竞技篮球后备人才培养实践中的"失当—失衡—失序"，其根源首先在于培养目标选择上"维度的单一性"。因此，在确定和完善竞技篮球后备人才培养目标时引入"目标关联维度"这一参量很有意义。①可以此参量来考察现行培养目标的合理性；②有助于培养方式和途径的选择趋于最优化。作为社会协同学理论逻辑起点的范畴——"目标关联维度"，它的设立就是为了使得人类社会实践的目标选择趋于优化，即实现多种规定性的内在统一；③有助于使得影响培养活动诸要素的协同趋于目标精确化和协同步骤操作有序化。协同是为达到实践目标而努力的组合方式，没有"目标关联维度"的实践活动将是彼此孤立，甚至是无序和无效的。①

完善和创新竞技篮球后备人才培养运行机制，首先有赖于确立一个明确的、可行的、有挑战性的、具体的和可验证的培养总目标。其次，要把总目标逐级转化为各个培养组织和个体的具体目标，直至形成一个规范化的目标体系。这一目标体系要发挥好功能，必须有精美的空间或维度组合。从"目标关联维度"的角度来确定竞技篮球后备人才培养目标，可以拓宽我们的思路，减少目标选择时犯狭隘主义错误。

在时间维度上，既往培养活动多只注重短程时距的问题，忽视过去和未来，主要培养重心是为了完成眼前的紧迫任务，培养目标较少涉及中程时距和远程时距的任务，即使有远景规划，但由于目标的不具体和不可量化，使目标在执行时无法操作和无法评估绩效。"人才断层""高水平篮球队伍青黄不接"等现象应该引起我们高度警觉。国家层面的高水平运动队后备人才培养目标不能只考虑一个奥运周期，应该还有中程和远程的具体、可量化目标，至少要考虑两个或三个奥运周期的人才培养。因为，篮球后备人才接受训练年龄一般在10—12岁，必要的训练年限和参赛奥运会的年限在8—12年（陈兵、田麦久，1992）；篮球国家队集团竞技能

---

① 曾健，张一方. 社会协同学［M］. 北京：科学出版社，2000（6）：25 - 27.

力发展也需约 8.4 年的周期（尹洪满、田麦久，1991）。① 仅仅注重 4—5 年的训练是难以达到最高竞技水平的。再如，中观层面的"体教结合"培养竞技篮球后备人才，在时间维度上应该有具体的执行计划，用多长时间发展、结合到何种程度、竞技能力与学术积累达到何种水平、何时进行绩效评估都应该有一个明确的执行目标，不能停留在描述性目标上。

在空间维度上，培养人才不能只重视本组织、本部门、本地区，忽视其他组织、部门、地区的空间资源，形成"条块分割"的局面。尤其在经济发展和全球化的时代，闭锁的空间思维会妨碍我们有效和合理利用广泛的空间资源来培养竞技篮球后备人才。竞技篮球后备人才培养不仅是体育领域的事，而且是全社会的事。在利益分配目标的空间上，也不能过分强调集体和国家利益，随着社会的发展，国家、集体、个人利益应该在本质上协调一致，在不同的时间、地域视具体情况可以有所侧重。

在途径维度上，要改变既往竞技篮球后备人才主要依靠体育系统的专业队模式培养的维度单一性缺陷。拓宽人才培养途径，发挥教育系统、社会团体、个人的积极性和创造力，多途径培养人才。各条培养途径不能只是单线条的，应该加强物质、能量、信息的交换，形成组合精美的网络式培养途径，为国家、社会培养大量的、优秀的竞技篮球人才。

在效益维度上，不能只考虑通过培养竞技篮球后备人才满足国家需要的社会价值，在市场经济体制下，还应该考虑人才培养的经济价值、青少年发展价值；不能只顾个人、本地区、本部门的价值，还应该考虑国家和社会价值；不能只重这一代人才的价值，而不考虑可持续发展；不能只顾竞技篮球后备人才的价值，而忽视社会其他人才的价值。效益维度上应该是多价值的统一和多种需要的公平满足。

从"目标关联维度"角度，笔者把未来一段时期中国竞技篮球后备人才培养目标表述为：坚持科学发展理念，以体教结合为主模、多种市场化运行模式有序竞争与协同；持续不断地培养高素质、高水平的竞技篮球后备人才，为社会发展培养合格公民，为经济建设培养现实和未来的生力军；促使竞技篮球后备人才培养与社会协调发展——经专家修正，认为基本合理（见表 9-3）。

表 9-3 竞技篮球后备人才培养目标合理性评判表

对象 \ 选项	合理		基本合理		不够合理	
	人数	%	人数	%	人数	%
专　　家（$N=10$）	2	20.00	8	80.00	0	
教练员（$N=71$）	10	14.08	58	81.69	3	4.23

---

① 田麦久. 运动训练学 [M]. 北京：人民体育出版社，2002：317-347.

三、强化竞技篮球后备人才培养目标的"执行力"

20世纪末,微软总裁比尔·盖茨曾说过"在未来的10年,微软面临的挑战是执行力"。执行力决定竞争力,决策的执行力对现代企业发展具有举足轻重的意义。从整体上看,我国现行竞技篮球后备人才培养目标达成的情况不尽如人意。如国家体育总局于1999年颁发的《关于在全国范围内推广"小篮板工程"的方案》提出的小篮板工程的总目标中,有一个具体的目标就是"通过近十年的时间,在全国范围内100多个城市布设小篮架8万个以上,使经常参加小篮板活动的青少年达到1 000万人,注册人数500万,达业余三级以上的人数超过100万"。从笔者走访的情况来看,这一目标实施的情况很不理想。这其中有因目标决策不合理而导致目标无法达成,但更主要的原因是目标执行不力,国家的总目标和各级培养组织的具体目标没有得到很好地贯彻、落实。这是在专家访谈和教练员问卷调查中得到的一致观点,有65名教练员(占被调查者的91.55%)认为现行培养目标执行不力。所以,加强培养目标的贯彻、落实是竞技篮球后备人才培养良性运行、协调发展的重要工作。

(一)完善使培养目标能够实现的管理结构

依管理学理论,培养目标确定后,就应该构建促进这些目标实现的管理和组织结构,应该提供使管理部门得以计划、决策、组织、配备人员、领导、激励、控制和评价的结构。在美国,中小学、高校竞技运动计划确定后,就相应制订了执行计划完善的管理和组织结构。通常,这些管理结构首先是根据组织目标设计职位,分配任务;进而确定管理人选和所要完成的具体任务,界定清晰的职权边界和正式的规章制度。组织的目标明确,而且每一个职位、每一个职员的责任和权利都非常清晰,相互间的关系依在管理结构中的位置进行界定,从而保证了组织目标的实现。他们制定管理组织和结构依据的制定方针和原则主要有:①组织的管理结构明确划分职权和责任;②管理工作按功能进行组织;③加强上下级沟通和部门间的协调;④明确职员的责任和权利;⑤组织和社会目标不能分割;⑥至少一年两次对计划和目标进行评述。①

在我国,竞技篮球后备人才培养整体目标确定后,依靠等级森严的以科层职务结构为基础的正式组织来实现培养目标,各级培养组织分担相应的任务。按理说,这种垂直式管理结构是能够保证目标实现的。但由于管理机构改革的不同步以及配套改革措施没跟上,致使管理组织机构类型繁多,管理功能交叉,管办不分,职能混乱。如中学竞技篮球主管在发展篮球项目时,既要接受篮球运动管理中心的指导,又要接受教育主管部门的领导,如果竞技篮球后备人才培养目标与教育目标或学校自身管理目标在执行时发生冲突,就很难保证竞技篮球人才培养目标的执行。另外,中级培养组织中的决策者、教练员、运动员、训练辅助人员没有参与人才培

---

① 参见体育院校通用教材:体育运动管理[M].北京:清华大学出版社,2003:50-53.

养目标制定，缺乏对组织目标的认同感，加上培养目标没有转化成他们应该分担的具体任务，造成人浮于事，效率低下，妨碍培养目标的实现。

因此，在转型期，尽快完善竞技篮球后备人才培养管理结构，授予相应的权限；明确各级管理组织和培养组织的具体目标；加强上下级管理主体的沟通；协调管理主体及有关部门间的关系；明确管理组织及管理成员的职责和权利；在发挥垂直式行政管理功能的基础上，管理向扁平的方向发展，以适应培养主体的多元化发展，提高管理绩效；使教练员、运动员以及工作人员有机会参与多种组织决策，增加组织认同感，提高工作绩效。这些措施将能有效促使竞技篮球后备人才培养目标得以实现。

（二）加强目标执行过程的检查与反馈

依目标管理理论，目标管理作为一种规范化的程序，包括以下几方面的要素：目标确定、行动执行计划、发展过程检查、自我调节等。成功地开展目标管理有两个关键的部分：组织分担目标的确立和对之加以检验。① 过去，我们在竞技篮球后备人才培养中疏于过程评估，只看整体效益，不管组织的培养效率，搞人海战术，高投入、低产出，目标完成情况不好。所以，要落实培养目标，必须对培养组织执行目标计划的发展过程进行评估，且主要评估其发展绩效。形成一套规范化的评估程序，建立专业的专家评估机构；进行定期检查，至少一年检查一次；设立统一的评判标准和针对不同性质培养组织的评估细则；对投资－收益率进行量化评估，即对人才输送情况进行定量评估；对运动员发展程度和组织是否在向目标前进等不易量化的目标进行定性分析。通过评估反馈的信息，调节目标计划的执行。

第二节 以"体教结合"为主模的竞技篮球后备人才培养模式的确立

目前，我国竞技篮球后备人才培养模式呈多样化发展态势。然而，从社会协同学的"自组织有序度"②角度看，现行的各种培养模式还处于"松散结合型"。在社会转型的进程中，大力发掘多种培养模式并使之协同发展，是建立适应社会主义市场经济的竞技篮球后备人才培养运行机制的另一项重要工作。列宁说过"多样性不但不会破坏在主要的、根本的、本质的问题上的统一，反而会保证它的统一"③。而多种模式如何协同？是齐头并进还是有主有次？这是决策者在考虑发展战略和战略投资时要面临的问题。其实，一般意义上的社会协同是一种存在差异，甚至对立的协同，也是一种整体上的求同存异。协同是经过协商、平衡，从彼此或大多数对象的利益出发，合理地进行协调，达到协作、协力、和谐、一致。它不

---

① 王杰. 哈佛模式－人力资源管理③［M］. 北京：人民日报出版社、线装书局，2002：1793.
② "自组织有序度"是对协调社会实践中自组织有序性集体行为的效率参量的衡量标准. 有序度层次包括：主体外部松散联合型、主体之间功能互补型、主体之间整体结构与功能融合型；有序度组合包括：时序、位置空间序、结构功能组合序.
③ 《列宁选集》第三卷，P399.

是、也不可能是理想化的完全类似激光的协同。因为完全一致不符合社会复杂性的事实。拉兹洛说："只看到差异性是老式的常识，只看到一致性也毫无意义。看到由进化的洞察力揭示出来的差异性中的一致性，或许是一种真正的辨识能力。"①

一、确定目标培养模式的理论基础

序参量与模变换度是社会协同学的又一核心范畴。序参量是标志子系统间具有不同聚集状态之间发生相变的参量，它来源于子系统间的协同合作，同时又对子系统的行为起支配作用，序参量表示系统的有序结构和类型。在复杂系统中有时存在不同层次和作用范围的几个序参量，它们中每一个都包含着一组微观成分，对应着一定的宏观结构。支配系统的、对系统演化起决定作用的序参量称为主序参量；伺服于主序参量的其他参量被称为伺服参量。由主序参量确定的结构成为系统的主模，由伺服参量确定的结构成为伺服模。序参量可分为有序性序参量（可持续性序参量）和无序性序参量（不可持续性序参量），与此对应形成不同的主模。从宏观角度来说，有序性参量所表述的特征是：开放性的、正负熵之间能在一定域值内保持动态平衡的、有周期性良性循环或可再生的、元素之间有相互匹配规律的系统。无序性参量表述的特征则相反。系统可以通过新的有序性序参量的形成改变原有的无序性序参量，在"役使原理"的作用下，逐步使系统从无序盲动转变为有序协同，这一过程就是模变换度。序参量与模变换度，体现了新的有序性序参量成为系统主模的作用过程。②

从序参量与模变换度范畴看，计划经济时期，我国竞技篮球后备人才培养体系的主模就是体育系统的专业队培养模式，而且也只有这一种模式；在转型期，则出现了多种培养模式。由于原专业队模式的失当，造成了人才培养中的诸多问题，因非可持续性导致自身发展的举步维艰，遭到人们的批判，在幅度、范围、功能上都日渐萎缩。在社会不断演化发展过程中，改变竞技篮球后备人才培养系统中非可持续性序参量，通过模变换度形成新的可持续性序参量，保证青少年全面发展和促进我国竞技篮球水平持续攀高就成为时代的呼唤。基于现今的多种培养模式，吸取历史教训，借鉴国外成功经验，秉承科学发展观，以社会协同学作为理论基础，笔者认为，在转型期竞技篮球后备人才培养运行机制目标模式中，应该确立以"体教结合"为主模、多种培养形式协同竞争的目标培养模式。这一新序参量的形成是由外部选择和内部演化定理决定的。

二、形成"体教结合"为主模的外部选择

（一）转型社会的发展战略为"体教结合"创设了社会环境

党的十八界三中全会（2013年11月）指出，全面深化改革的总目标是完善和

---

① 曾健，张一方. 社会协同学 [M]. 北京：科学出版社，2000：49.
② 曾健，张一方. 社会协同学 [M]. 北京：科学出版社，2000：105–106.

发展中国特色社会主义制度，推进国家治理体系和治理能力现代化，强调全面深化改革，必须高举中国特色社会主义伟大旗帜，坚定信心，凝聚共识，统筹谋划，协同推进，坚持社会主义市场经济改革方向；必须更加注重改革的系统性、整体性、协同性，加快发展社会主义市场经济、民主政治、先进文化、和谐社会、生态文明，让一切劳动、知识、技术、管理、资本的活力竞相迸发，让一切创造社会财富的源泉充分涌流；要求各行各业切实把经济社会发展转到以人为本、全面、协调可持续发展的轨道；着力构建和谐社会，进一步转变发展观念、明确发展思路、创新发展模式、提高发展质量，树立科学发展观。在这一战略转型期实行"体教结合"，符合时代发展要求。

（二）教育普及与体育发展为"体教结合"铺垫了物质基础

在《国家中长期教育改革和发展规划纲要》（2010—2020）中提出的战略目标是，到2020年，基本实现教育现代化，基本形成学习型社会，进入人力资源强国行列。努力提高各级学校的办学条件和办学质量，力争教育投资达到国民生产总值（GDP）的4%。教育事业发展主要目标见表9-4。篮球的基础在学校，学校教育的普及、提高，为"体教结合"培养竞技篮球后备人才夯实了人才选择面，并提供了必要的物质保障。

表9-4 教育事业发展主要目标

指　标	单位	2009年	2015年	2020年
学校教育				
幼儿在园人数	万人	2 658	3 400	4 000
学前一年毛入园率	%	74.0	85.0	95.0
学前两年毛入园率	%	65.0	70.0	80.0
学前三年毛入园率	%	50.9	60.0	70.0
九年义务教育				
在校生	万人	15 772	16 100	16 500
巩固率	%	90.8	93.0	95.0
高中阶段教育*				
在校生	万人	4 624	4 500	4 700
毛入学率	%	79.2	87.0	90.0
职业教育				
中等职业教育在校生	万人	2 179	2 250	2 350
高等职业教育在校生	万人	1 280	1 390	1 480

（续表）

指　标	单位	2009 年	2015 年	2020 年
高等教育**				
在学总规模	万人	2 979	3 350	3 550
在校生	万人	2 826	3 080	3 300
其中：研究生	万人	140	170	200
毛入学率	%	24.2	36.0	40.0
继续教育				
从业人员继续教育	万人次	16 600	29 000	35 000

注：*含中等职业教育学生数；**含高等职业教育学生数。

体育的社会化、产业化发展为竞技体育提供了强劲的动力。《全民健身计划纲要》和《奥运争光计划纲要》持续实施，国家增加对发展群众体育和竞技体育的投资，加强竞技体育后备人才培养，坚持走"体教结合"的道路。不仅拓宽了后备人才的培养面，也为创新竞技篮球后备人才培养运行机制、丰富人才培养途径、建立包括"体教结合"在内的多种后备人才培养模式提供了物质和制度保障。

（三）自主性教育制度的建构为"体教结合"创造了机遇

现代教育制度的不断创新旨在建构一种自主性教育制度。这种自主性教育制度的主体部分，是那种直接凸显个人自由和权利平等的教育制度，其核心是确保个体对教育的选择权及其在教育过程当中的自主权①。过去，我国的中小学教育片面强调应试教育，为确保高"升学率"，把包括运动在内的其他兴趣培养摒弃在学校教育之外。而在我国全面推进素质教育、建构现代教育制度的进程中，开始日益重视学生的全面发展，创造条件以满足不同学生多样性发展的需要。"体教结合"为学生提供运动体验，培养运动兴趣，尊重学生个性、挖掘运动潜能，一切以学生为本，确立学生的主体地位，这也正是各级学校实施素质教育的实践体现。

（四）"人文奥运"理念为"体教结合"的选择奠定了思想基础

针对现代奥林匹克运动实践过程中出现的政治化、商业化、锦标主义、兴奋剂、非公平竞赛等竞技异化现象，国际体育界的一些有识之士力主奥林匹克运动应该回归教育与文化的本源。"人文奥运"理念的提出正是对这一呼唤的回应。遵循奥林匹克思想，强调体育与教育的结合，谋求竞技体育人才的全面发展，将浓厚的奥运人本主义文化和"天人合一"的和谐理念精髓渗透进竞技后备人才培养中，是时代的必然要求，也是"体教结合"的历史契机。

---

① 康永久. 教育制度的生成与变革——新制度教育学论纲 [M]. 北京：教育科学出版社，2003：422.

三、形成"体教结合"为主模的内部演化

（一）竞技篮球可持续发展的时代要求

后备人才是竞技篮球可持续发展的最重要人力资源，过去主要靠体育系统培养。由于体育领域资源的稀缺以及体育社会化的要求，仅靠体育系统来培养竞技篮球后备人才已无现实可能，也无现实必要。由于教育和体育在人的培养方面具有内在的统一性，"体教结合"培养竞技篮球后备人才成为可能和必然选择。

（二）国家、集体利益与家庭、个人利益的协调统一

国家、集体与家庭、个人在共同利益基础上协调一致，可促成集体目标和个人目标的早日达成。如果片面追求竞技篮球能力提高而以牺牲青少年教育获得为代价，则会损害家庭、个人利益，挫伤家庭、个人从事竞技篮球训练的积极性和创造力，而最终导致国家利益也受损。《面向21世纪中国教育振兴行动计划》指出，体育和美育是义务教育的重要组成部分，要使学生有强健的体魄，必须建立大中小学相衔接的、科学合理的体育教育体系。

（三）竞技体育领域渐进式改革的规定

前面已述，我国竞技体育领域改革遵循的是渐进式改革逻辑，改革是在坚持和完善举国体制基础上进行的。体育利益结构调整的思路在经济学中被称为"增量改革"，即"在不触及或少触及既得利益前提条件下展开的改革"，[1] 走的是一种体制外的发展道路。原体育系统培养竞技篮球后备人才的体制也只有在与教育、社会其他领域逐步结合中进行调整、完善。因为青少年体育以学校为重点，所以教育和教育部门就成为最直接、最便利的可资利用的资源，"体教结合"成为竞技篮球后备人才培养"增量改革"的首选模式。

（四）"体教结合"的现实基础

近年来，在宏观政策调控下，教育和体育部门加强了合作，"体教结合"得到了较快的发展。呈现出多样性形式：业余体校与重点中学结合、重点中学与优秀运动队结合、高校与竞技体校结合、体育总局培训中心与高校结合、体工队与大学体育院系结合、青少年体育俱乐部与中小学结合等。据有关调查资料表明，目前全国已有55.4%的体校实现了"体教结合"，共同办学。[2] CUBA的推行为体教结合培养竞技篮球后备人才进行了有益的尝试，也摸索出了一些成功的经验。创办"大超"，旨在更高的层面通过"体教结合"培养高水平竞技篮球后备人才，寻求新的突破。CUBA、大超的逐渐发展、壮大，已经深刻地辐射到广大中小学。在人们的观念中，"体教结合"逐渐深入；在实践操作中，体育与教育部门通力合作，加快结合步伐，"体教结合"已显蔚然之势。

---

[1] 周振华. 体制改革与经济增长——中国经验与范式分析 [M]. 上海：上海三联书店、上海人民出版社，1999：94.

[2] 杨再淮. 中国竞技体育后备人才培养模式的研究 [D]. 上海：上海体育学院，2002.5.

（五）竞技篮球后备人才培养中"体教结合"应注意的问题

结合是指事物内部各要素之间或事物之间相互吸引、凝聚、协同、融合的趋势或状态。结合是创新之源。不同的事物之所以能结合，归根到底是由结合要素的物自性决定的，物自性是指事物本质的属性。物自性决定结合的可能性，也在一定程度上决定结合的性质、方式和效果。因此对结合要素之物自性的深刻把握和认识是实施结合的前提和基础。另外，不同事物之间所以能够结合，还因为它们之间有某种共同点。这种共同点表现为结合要素之间的共需。如果事物之间没有基于物自性的互需，结合要素之间也没有适当的共同点，即使主观上需要将它们结合起来，也只能是"拉郎配"，结合往往不能成功。

正是源于竞技体育与教育发展的共同需要和对体育与教育本质属性的深刻认识，"体教结合"被提了出来。一般意义上的"体教结合"包括：运动训练与文化学习的结合，竞技运动与学校教育的结合，体育管理部门与教育管理部门的结合。要使体育与教育在培养竞技篮球后备人才方面达到合规律性和合目的性的统一，有几点需要加以重视。

1. 建立体教结合实施的理论框架

要实现体教优化结合，达到最佳途径与最佳效果的统一，首先需要明确结合的目的、指导思想、主导价值、理想蓝图，这就是结合的理论框架。要实施体教结合应当确定一个根本性的目标，这是结合的核心问题。笔者认为，"体教结合"培养竞技篮球后备人才的根本目标和结合的核心问题就是要探索出一条中国特色的培养竞技篮球后备人才的道路。应该以"以人为本，全面、协调、可持续发展的科学发展观"作为指导思想。此外，还应有一个主导价值作为对整个结合过程及其各个阶段上的一切是非得失实施价值判断的总标准，主导价值至少应有"三个有利于"：一要有利于青少年篮球运动员竞技能力的培养；二要有利于青少年篮球运动员进行文化学习；三要有利于青少年篮球运动员全面素质的发展。坚持综合性、科学性、协同性、多元化、平等公正等原则。[①] 充分整合体育与教育资源，形成一幅体育与教育有机结合、源源不断为我国高水平篮球队伍输送全面发展的优秀后备人才的美好图景。

2. 厘清"体教结合"的边界条件、环境参数

"体教结合"的边界条件就是教育的法规、政策和体育的法规、政策等，即规定体育和教育要素活动最大范围的各种规制。领导执政倾向、校园文化、经费来源等构成环境参数。要使"体教结合"稳定发展，应该深刻认识和全面把握体育与教育的边界条件和环境参数，并从整体上对不利于体教结合的边界条件和环境参数进行重新设定。如教育系统为招收高水平运动员专门设定招生政策、学籍管理条例；体育系统为把教育系统的竞赛纳入计划而做出竞赛体制调整等。其中，有一个非常重要的问题亟待研究，就是运动员或学生产权界定的问题，目前的状况是多方

---

① 郑婕. "体教结合"培养高水平竞技体育人才的研究 [D]. 北京：北京体育大学，2006.5.

投资集体受益，产权归属不清。

3．促进"体教结合"体的形成及其扩展

最初的体教结合多是形式上的结合，重点主要集中在业余体校层次上。而"体教结合"的真正基核应该是形式和内容统一的结合体。转型期，应该加快体育与教育在培养运动员运动技能和提高文化知识学习方面的紧密结合，扩展结合的层次和空间，形成"体教结合"培养竞技篮球后备人才体系（见图9-1）。

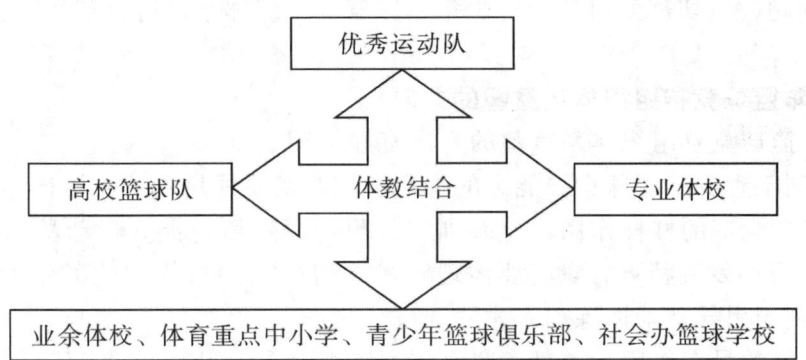

图 9-1 "体教结合"的扩展与衔接

资料来源：杨再淮博士学位论文改编。

4．科学把握"体教结合"的节奏和结合度

由于我国教育系统和体育系统在计划经济时期封闭运行形成的惯性，以及我国市场经济渐进式改革模式的选择，"体教结合"也不能过激。要在人们观念逐步转变中，在体育与教育边界条件和环境参数重新设定中，逐渐推进结合，保持竞技篮球水平的平稳提高。

正是因为"体教结合"只能逐步推进，所以，要求我们科学地把握"结合度"。在现在和将来的一段时期，体育与教育都不可能是全方位的结合，体育与教育都不可能取消自身的边界、取消自己的独立性向对方全方位开放。基于体育与教育系统的复杂性，结合应该由点及面，结合的深度和广度要从是否有利于全局发展的高度来决定。

依在建筑、艺术、工农业生产和科学实验中发现的普遍存在的重要自然规律——黄金分割律（亦称0.618律），笔者建议，到2020年，在"体教结合"模式中接受培养的竞技篮球后备人才应占到人才总数的0.618。

第三节 青少年篮球竞赛组织体系的优化与重塑

"竞赛是竞技体育发展的'指挥棒'，是调整竞技体育资源配置的'杠杆'，它关系到项目布局、后备人才培养和训练体制的改革与调整等诸多方面。"[①] 国家体育总局在《关于竞赛体制改革》一文中指出："现阶段应建立普及与提高相结合的竞赛管理体制，充分调动国家与社会的积极性，广开门路提高竞赛数量与质量。青少年阶段充分发挥'体育与教育系统'办竞赛的优势，形成覆盖面积大、范围广的全国青少年竞赛组织体系。"青少年篮球竞赛的主要目的是选拔、发现竞技人才，树立正确的人才培养导向。针对目前青少年篮球竞赛在赛制、赛风、赛纪等方面出现的问题，迫切需要对现行青少年篮球竞赛组织体系进行改革和完善。

一、青少年篮球竞赛组织体系重塑的方向

青少年篮球竞赛组织体系重塑的方向有如下几点：

1. 有利于青少年篮球竞技能力的提高和综合素质的培养

充分发挥竞赛的杠杆作用，检验训练效果，通过竞赛提高运动员的竞技能力。根据青少年身心发展特点，竞赛要体现"人本精神"，关心青少年的全面发展。

2. 有利于引导基础训练和人才的选拔、输送

发挥竞赛的导向作用，通过竞赛暴露训练中存在的问题，同时传播符合篮球运动本质规律的发展趋势和特征。通过全方位的能力竞拼，方便甄选人才。

3. 有利于形成公平、公正的竞赛环境

营造一个更干净、更公平、更人性的竞赛环境来教育青少年，调动、激发各级基层篮球训练组织、个体的积极性和创造力，推动我国篮球运动的可持续发展。

二、优化青少年篮球竞赛组织体系的措施

优化青少年篮球竞赛组织体系的措施有如下几点：

1. 改革竞赛组织管理体制

首先，在管理机构职能上要逐步实行"管、办分离"。改变过去全部由各级政府体育职能部门直接管理和经营篮球竞赛的局面。其次，鉴于现阶段绝大多数青少年篮球竞赛仍然由政府主办或承办的态势，政府体育部门、篮球运动管理中心要顺应经济体制市场化、产业化改革的趋势，由强政府、弱市场的管理模式向有限政府、强市场的管理模式转变。明确篮球主管部门对竞赛实施监督、指导、服务的责任，大力鼓励社会各方办赛。再次，鉴于青少年篮球竞赛的公益性特征，为保证青少年的健康成长和抓好篮球普及工作，笔者认为，青少年篮球竞赛不能过度商业化，在一段时期内应该坚持政府主导、多方参与、适度市场化运作经营的管理模式。

2. 确定科学的竞赛管理目标

青少年阶段是人生发展的最重要时期，也是篮球竞技能力逐步形成的最关键时

---

① 李元伟，等. 关于进一步完善我国竞技体育举国体制的研究 [J]. //国家体育总局体育科学研究所论文选集，2002：14.

期。篮球工作的重点是打基础、抓普及、促提高。一般来说，少年儿童的比赛侧重于基层篮球运动的推广，通过比赛发现、选拔和培养竞技篮球后备人才；青年阶段的一般性比赛侧重于锻炼队伍，提高运动技术水平，输送人才。越低级的训练形式越是应该以培养兴趣、重视基础训练为主，不宜追求竞技能力的过早专项化；往高一级训练形式递进时逐渐增加对竞技能力提高的要求（见图9-2）。因此，在青少年篮球竞赛的组织中，应该科学确定举办各级各类比赛的目的，以检验训练效果、引导青少年基础训练、提高竞技能力、选拔人才作为主要目标。"重育人、轻夺标"，淡化竞技成绩名次，重视运动员综合素质的培养。

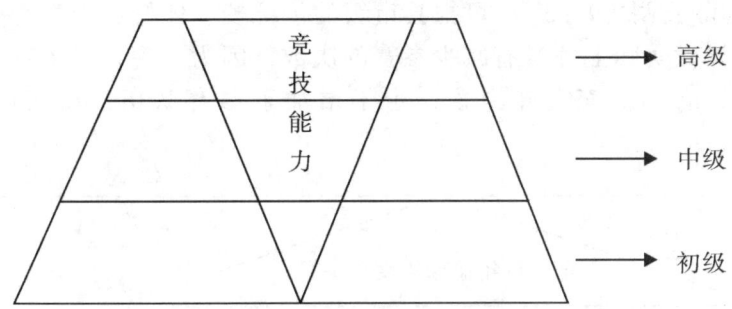

图9-2　竞技篮球训练形式与竞技成分关系示意图

3．统筹竞赛计划，整合赛制

由于青少年竞技篮球培养形式的多样化，以及青少年篮球竞赛的组织管理者和参与者由单一主体向多元化主体转变，为体现竞技体育的工作都要为奥运争光计划服务的精神，篮球运动管理中心应对体育、教育、社会办的各种赛事进行统筹管理，把各类力量办的运动队都纳入体育部门管理的竞赛计划。从全局利益出发，衔接好国家与地方、体育系统内与系统外组织的各种不同性质、水平的竞赛。合理安排赛制，赛会制、赛季制、主客场制等竞赛组织形式要根据不同性质的组织者、参与者的人力、财力、物力等实情灵活调整。既要保证参赛数量与场次的适度，又要防止赛次过多和以赛代练，影响系统训练。在美国 NCAA Division I 的篮球联赛中，为了达到成员学校的资格要求，NCAA 规定每支球队每年参加的大学校际比赛不得少于 25 场，而且至少 1/3 的比赛应在自己的主场进行。[①] 如 2001—2002 赛季 NCAA I 级冠军马里兰大学男子篮球队，整个赛季共参加了 39 场比赛。"以练为主、打练结合、以战促练"是竞技篮球训练中的一条成功经验。我国部分篮球界专家也认为青少年年参赛 5～8 次、40～50 场较为适宜。目前的状况主要是比赛偏少，且还存在不同训练组织参赛不均衡现象。如在 2006 年 4 月福建省福州市举办的全国青少年女子（U17）篮球赛调研中，教练员除了建议杜绝弄虚作假以外，主要反映比赛太少。省体校队大多数一年只参加 1～2 次全国比赛，打 10 多场球，因为当地赛制不允许他们参加。市体校好一些，可以参加省内少年比赛，有的代表

---

① 2001—2002 NCAA Division I Manual [M]：331. http：//www. ncaa. org.

市少年参赛。比较好的是重点中学队，可参加市、全省、全国中学生少年赛、篮球城市和全国 U17 等多种比赛。上海建平和石家庄二中每年参加约 80 场比赛。

为提高竞赛的质量和集约化水平，可对同一水平层次的比赛进行整合。纵观美国和德国的体育竞赛，发现他们有一个共同特征，即种类单一，竞赛频繁，同层次之间决不重复。① 根据我国国情，可对青年阶段的篮球竞赛进行分阶段整合，第一阶段，按现在各自竞赛体制进行，第二阶段，从各个系统竞赛的优胜队中选拔一定数量的优秀队进行赛会制的对抗赛，第三阶段，在大学生对抗赛、青年专业队对抗赛中各选拔前四名进行年度总决赛。一方面可以加强交流，另一方面可为国家队和职业队选拔人才（见图 9-3）。可把县市级的传统校、体校、中学生篮球赛整合成一个赛事，这样做实际上并没有减少参赛的次数，因为，现在各个部门组织的比赛一年也就一次，有的甚至几年一次，由于增加了参赛队伍，反而可以增加比赛场次。

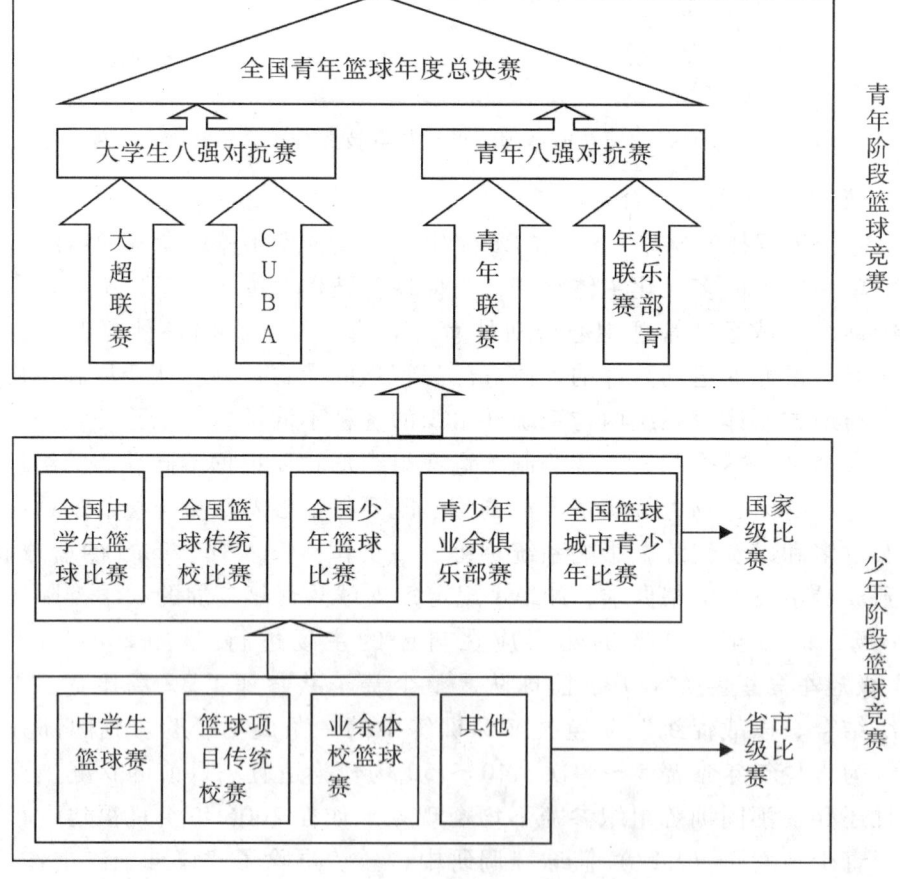

图 9-3 青年阶段篮球竞赛框架设计

---

① 凌平. 中国发展体育俱乐部的若干问题思考 [J]. 体育与科学，2000 (125)：17-20.

4. 合理分级、分区，科学安排赛期、赛程

鉴于我国地域辽阔，竞技篮球运动发展存在地域差别，以及地区之间、系统之间竞技篮球水平也存在差距的现状，组织全国比赛耗时长、耗费大、难管理。如现在的全国少年甲、乙组篮球竞赛，因考虑赛事组织方便管理、节约经费等因素，原则上男、女比赛分别只允许16支队伍参加。导致基层业余训练组织太多参赛太少，特别是教育系统的各级中小学参赛严重不足。要增加青少年参赛次数和公平竞赛，可在分区的基础上再分级竞赛，按现在的行政区、省、市、区（县）进行分区，再把区内不同竞技水平的运动队分级。如可把普通学校、业余体校、重点体校、体育传统校、青少年篮球俱乐部的篮球队分为初中组、高中组，就近参加同级别比赛。CUBA在这方面已摸索了一些成功的经验，可资借鉴。

根据参赛者的特点，科学安排赛期、赛程。如教育系统的比赛一般赛程不宜过长，赛期宜安排在假期，尽量使比赛与学习在时序上不冲突；俱乐部青年队的比赛可安排在职业联赛休赛期，这样做便于俱乐部管理层工作的安排、衔接。如NCAA的篮球赛一般都安排在周末，不影响学习，适于赛事转播。

5. 加强竞赛的管理和监督

规范管理竞赛的组织工作，并使之制度化。加大赛风赛纪的整治力度，打击假名字、假年龄、假引进等丑恶现象，对违规违纪行为要严肃处理。疏堵结合，创造一个公平、公正的竞赛环境，促进基层篮球训练和人才梯队建设，调动社会各界参与篮球训练、竞赛的积极性。建立和完善竞技篮球后备人才信息库，规范区（县）、市、省、国家级的人才注册制度，提供全面的、动态的运动员信息，不仅可为选才服务，为合理流动搭建信息平台，也可防止假、丑现象的发生。

6. 营造竞赛市场，拓宽办赛资金来源渠道

由于竞技篮球后备人才培养的公益性特征，青少年篮球竞赛的目标更多的是追求社会效益，国家作为公共利益的代言人，有责任对青少年篮球竞赛提供经费支持。尤其对初、中级竞技水平的篮球竞赛，国家应该加大财政投资力度和利用体彩、篮彩的公益金来资助办赛。因为初、中级水平的篮球竞赛水平不高，还难以吸引公众、媒体和赞助商的眼球。而随着竞技篮球的市场化、产业化发展，对于较高水平的竞赛，如CUBA、大超、俱乐部青年联赛、全国青年联赛等，则应积极拓展市场，运用市场手段，广泛吸纳社会、企业、个人资金办赛。

7. 成立专家评估团，综合评估竞赛绩效

成立一支由篮球界、社会界、经济界等资深专家组成的团队，根据青少年身心发展特点和篮球运动发展的本质规律，科学设置评定青少年篮球运动员技能、体能、心智能力的指标体系，结合比赛名次，综合评定竞赛成绩。并根据综合评定的结果，预测运动队和运动员个体的发展潜力；针对评定中发现的问题，提出解决方案，指导基础训练朝着科学化方向发展，解决我国青少年篮球运动员普遍存在的基本功不扎实、基本技术不规范、配合意识差等问题。目前，只有体育系统组织的竞赛依《全国青少年儿童篮球教学训练大纲》进行"体能和技评"测试，应该在其他部门、系统组织的青少年竞赛中也要推行"体能和技评"的综合测试。

结论与说明

结论

（1）竞技篮球后备人才培养是关乎竞技篮球科学发展的关键。本文以系统整体的思维方式，力图把理论视野扩展到竞技篮球后备人才培养运行机制的历史与现实整体，深入探讨其内在的动力、整合、激励、控制及保障机制，剖析其结构、功能、作用原理和作用过程。

（2）竞技篮球后备人才培养是一个有目的、有组织、长期性的社会活动过程。培养活动从原初意义上来理解就是一种教育活动，在人类向理想社会迈进的过程中，竞技篮球后备人才培养的发展趋势呈现为自主性不断增强以及培养主体的重心由国家→集体→个体逐步下移。

（3）满足竞技篮球后备人才全面而自由发展的需要是培养的根本目的。提高竞技能力只是人才培养的直接目的，要使直接目的与根本目的在方向上保持一致必须坚持"人本原则"这一伦理要求。

（4）双轨制下的竞技篮球后备人才培养运行机制还处于中性运行状态。由于国家、集体、个体利益在根本上还未能完全协调，各种机制在运行中表现为：动力不足、活力不够；利益分化加剧、冲突显性化；物质激励与精神激励还未能有机结合；控制维度不够全面；保障制度与措施尚不健全和丰富。

（5）为适应社会主义市场经济体制改革，在制度设计和实践操作中，应该坚持竞技篮球后备人才培养与市场经济有机结合的总思路；而且，现阶段运行机制的改革必须走渐进式改革之路。

（6）从发展的角度，借鉴国外经验，综合考察社会经济、政治、教育和体育发展趋势，憧憬竞技篮球后备人才培养目标运行机制是：①适度的动力机制；②多元利益协调的整合机制；③全面灵活的激励机制；④多维统一的控制机制；⑤制度健全的保障机制。

（7）考量原培养目标维度的单一，基于"目标关联维度"的竞技篮球后备人才培养目标应是：坚持科学发展观，以"体教结合"为主模、多种市场化运行模式有序竞争与协同，持续不断地培养高素质、高水平的竞技篮球后备人才，为社会发展培养合格公民，为经济建设培养现实和未来的生力军；促使竞技篮球后备人才培养与社会协调发展。

（8）以协同的新思维、新视角，确立"体教结合"为主模、多种模式协同发展的竞技篮球后备人才培养格局。"体教结合"是体育回归教育的趋势使然，也是人才全面发展的要求；多种模式并存发展不仅是"同中有异"的协同思想的具体体现，也是以公有制为基础、多种所有制形式共同发展的社会主义市场经济体制改革的必然。

（9）根据三个"有利于"优化青少年篮球竞赛组织体系。具体措施有：改革竞赛组织管理体制；确定科学的竞赛管理目标；统筹竞赛计划，合理分级、分区；加强对竞赛的管理和监督；积极营造竞赛市场，拓宽办赛资金来源渠道；成立专家评估团，综合评估竞赛绩效。

说明

研究中国竞技篮球后备人才培养是一个牵涉面广的系统工程，本课题尽管只是选择以运行机制的角度来进行研究，但已深感任务艰巨，虽已殚精竭力，但却不可避免地存在疏漏和不成熟之处，很多方面还亟须深入、全面研究。总的来说，有以下几个方面。

（1）由于本课题并非全方位地对中国竞技篮球后备人才培养的各方面内容进行研究，所以，对人才培养过程中的一些问题，甚至可能是一些重要问题都没有涉及。今后，有必要加大这方面研究的范围，尽可能地把人才培养过程中起重要作用的问题都进行研究，使本课题的研究更为全面、更周到。

（2）虽然本课题的研究参考和借鉴了大量的文献资料，但难以找到充足的可以权威描述竞技篮球后备人才培养现状的数据和可以直接论证本文观点的现成理论材料，尤其是国外关于竞技体育人才培养模式、目标、过程等相关文献资料较为缺乏。这方面的工作有待在今后的研究中加以完善和充实。

（3）正如在文中指出过的，本课题的研究更多的是从总体的角度、从国家宏观层面来分析和考虑竞技篮球后备人才培养过程中的问题。可能导致对不同培养模式、不同区域的具体情况考虑得不充分，有必要加强不同模式之间、不同区域之间实际运行情况的比较研究。

（4）由于专业的局限性，也使得本研究存在着不够深入的地方。如：对不同培养模式、培养目标的研究可能应该从公共管理学的角度进行分析；对目标执行力的研究可能应该从组织行为学的角度进行探讨；等等。

参考文献

[1] 艾尔·巴比. 社会研究方法基础 [M]. 邱泽奇, 译. 北京: 华夏出版社, 2002.

[2] 朱红文. 社会科学方法 [M]. 北京: 科学出版社, 2002.

[3] 欧文·E. 休斯. 公共管理导论 [M]. 彭和平, 周明德, 金竹青, 等, 译. 北京: 中国人民大学出版社, 2001.

[4] 李培林. 另一只看不见的手——社会结构转型 [M]. 北京: 社会科学出版社, 2005.

[5] 胡小明, 陈华. 体育人类学 [M]. 北京: 高等教育出版社, 2005.

[6] 盛洪. 为什么制度重要 [M]. 郑州: 郑州大学出版社, 2004.

[7] 张江河. 论利益与政治 [M]. 北京: 北京大学出版社, 2002.

[8] 张力为. 体育科学研究方法 [M]. 北京: 高等教育出版社, 2002.

[9] 郑杭生. 社会学概论新修 [M]. 北京: 中国人民大学出版社, 2002.

[10] 陈向明. 质的研究方法与社会科学研究 [M]. 北京: 教育科学出版社, 2000.

[11] 郭世田. 当代中国创新型人才发展问题研究 [D]. 济南: 山东大学, 2012.

[12] 高福安, 林淑华. 创新人才培养方法论 [M]. 北京: 中国广播电视出版社, 2005.